D1873418

Rose Marie Donhauser

Fisch Ahoi!

Lieblingsrezepte aus dem Norden

Anaconda

Lizenzausgabe mit freundlicher Genehmigung
Die Originalausgabe mit dem Titel *Fisch Ahoi! Lieblingsrezepte aus Fluss und Meer* ist 2012 im Hölker Verlag erschienen.
© 2012 Hölker Verlag in der Coppenrath Verlag GmbH & Co. KG
Alle Rechte vorbehalten, auch auszugsweise

FSC
www.fsc.org
MIX
Papier aus verantwortungsvollen Quellen
FSC® C010328

Penguin Random House Verlagsgruppe FSC® N001967

Die Deutsche Nationalbibliothek verzeichnet diese Publikation in der Deutschen Nationalbibliographie; detaillierte bibliographische Daten sind im Internet unter http://dnb.d-nb.de abrufbar.

© dieser Ausgabe 2021 by Anaconda Verlag,
einem Unternehmen der Penguin Random House Verlagsgruppe GmbH,
Neumarkter Straße 28, 81673 München
Alle Rechte vorbehalten.
Umschlaggestaltung: dyadesign, Düsseldorf, www.dya.de
Umschlagmotive: Adobe Stock / Egor Shilov (Teller), Adobe Stock / aksol (Fisch)
Satz: Andreas Paqué, www.paque.de
Druck und Bindung: Alföldi, Debrecen
Printed in Hungary
ISBN 978-3-7306-0960-6
www.anacondaverlag.de

Inhalt

Die Rezepte in diesem Buch sind für 4 Personen berechnet.

Vorwort

Fisch ist das kulinarische Zauberwort schlechthin, wenn es um sehr gute, abwechslungsreiche, kalorienarme und gesunde Ernährung geht. Es gibt ihn in unzähligen Arten, Sorten, Formen, Größen – im Ganzen, in Stücken oder als Filets. Er wird frisch, tiefgekühlt, getrocknet, in Glas oder Dose angeboten. Die Auswahl und die (Tages-)Angebote in speziellen Fachgeschäften, in Abteilungen von Supermärkten oder am Stand auf dem Wochenmarkt sollten letztendlich ausschlaggebend für unsere Entscheidung sein.

Wenn da nicht für den Verbraucher einige „Stolpersteine“ auf dem Weg zum unbeschwerten Genuss zu beseitigen wären. Denn eines ist hinlänglich bekannt: Es fehlt nicht an der Liebe zum Fischgenuss, sondern an den warenkundlichen Kenntnissen sowie Erfahrungen im problemlosen Umgang mit Fisch. Die einen geben den Gräten die Schuld, die anderen trauen sich nicht an die Zubereitung von frischem Fisch im Ganzen heran. Oftmals fehlt es auch an einer großzügigen Rezeptauswahl und den entsprechenden Einkaufsmöglichkeiten, wenn es denn just ein ganz bestimmter Fisch sein soll.

Zwar ist Fisch in der Tat nicht ganz so einfach vor- und zuzubereiten wie Gemüse oder Fleisch. Und Fehler machen sich hier viel stärker bemerkbar. Aber mit diesem Buch können wir Ihnen alle Vorbehalte

und Unsicherheiten nehmen. Es führt übersichtlich und praxisnah in den Umgang mit den Gesellen aus Poseidons Tiefen ein. Mit einem kompakten Lexikon, Tipps und Tricks rund um Einkauf und Lagerung sowie allen wichtigen Informationen zu Vor- und Zubereitung sind alle Seiten der Fisch-Warenkunde und -Küchenpraxis beleuchtet. Und bei den einzelnen Rezepten finden Sie immer wieder Varianten bzw. Vorschläge für alternative Fischsorten, falls die erste Wahl schwer zu beschaffen oder besonders kostspielig sein sollte.

Die Grundausrichtung dieses Kochbuchs liegt bei einer modernen, aber nicht minder traditionsbewussten Fischküche, deren Evergreens und Klassiker Ihnen immer wieder das berühmte Wasser im Munde zusammenlaufen lassen. Es präsentiert die schönsten heimischen Gerichte, die man schon bei Mama oder bei der Oma gerne gegessen hat, wie z. B. Forelle Müllerin Art, Labskaus, Heringshäckerle, Roten Heringssalat oder Egli mit Petersilienkruste. Aber auch internationale Köstlichkeiten wie Pizza mit Lachs und Sardellen, Bouillabaisse, Fischcurry und Gebeizter Lachs mit Senfsauce sind selbstverständlich vertreten, haben sie doch inzwischen auch auf unserem Fisch-Speisezettel einen Stammplatz eingenommen. Und schließlich werden Ihnen auch moderne Klassiker aus der Fast-Food-Küche wie Fischburger und Fischstäbchen zum Selbstmachen nahegebracht. Sie werden sehen: Es lohnt sich!

Der Pro-Kopf-Fischverbrauch in Deutschland wächst übrigens stetig. Pro Jahr und Person werden mittlerweile über 15 Kilogramm Fanggewicht verzehrt, Tendenz weiter steigend. Lassen Sie sich anstecken und auf das Angenehmste überraschen von der ganzen Vielfalt der Fischküche, ob gebacken, gedünstet, gekocht, gegrillt, gebraten, gedämpft, pochiert, frittiert oder aus der Folie.

Gutes Gelingen und ein wenig Qual der Wahl bei den vielen leckeren Rezepten für jede Gelegenheit wünscht Ihnen Ihre

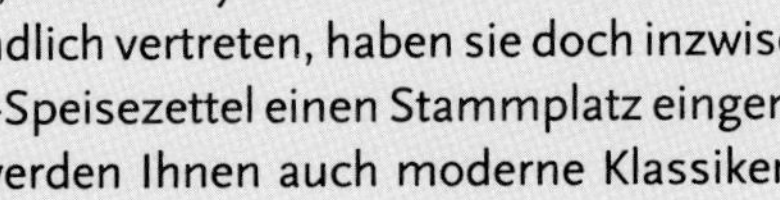

Einführung

Mit dem, was wir Tag für Tag essen, beeinflussen wir unsere körperliche Fitness und unser Wohlbefinden. Fisch ist das einzige Lebensmittel, welches das ganze Spektrum der lebensnotwendigen Aminosäuren enthält. Dabei spielen die Aminosäuren Tryptophan und Tyrosin eine ganz spezielle Rolle. Tryptophan ist die Vorstufe für Serotonin, das auch als Gute-Laune-Hormon bezeichnet wird. Serotonin reguliert eine Reihe physischer und psychischer Vorgänge, wie z. B. die Ausprägung von Stimmungslagen. Die Aminosäure Tyrosin kann über hormonelle Regelkreise sowohl die körperliche als auch die mentale Leistung unterstützen. Unsere Empfehlung: Essen Sie mindestens einmal pro Woche Fisch – besser zweimal!

Abgesehen von dem kulinarischen Erlebnis, das Sie mit Fisch genießen können – egal in welcher Form oder Zubereitungsart – liefert er Gabel für Gabel ein Stückchen zusätzliche Gesundheit. Die leichte Verdaulichkeit, bedingt durch den geringen Kaloriengehalt, die hochwertigen Proteine, Fette und vor allem Eiweiße, veranlassen Mediziner dazu, Fisch als wichtigen Bestandteil der Diätkost einzusetzen. Im Fischfleisch sind die Fettsäuren mit den längsten Ketten enthalten: ungesättigte Omega-3-Fettsäuren EPA und DHA. Diese gelten als besonders wertvoll, da unser Körper sie direkt zu „Herzschutzfaktoren" verarbeiten kann. Lassen Sie sich also nicht von Fettsäuren und Ölen abschrecken: Sogar der fettreichste Fisch, der Aal, hat mit 24 % Fettgehalt im Vergleich zu einem Schweinekotelett mit 31 % noch immer einen geringen Anteil an Fett. Und dabei handelt es sich, wie gesagt, um gesundheitlich wertvolle Fette.

Fische sind zoologisch betrachtet in Kopf-, Kiemen-, Rumpf- und Schwanzregion gegliederte, wasserbewohnende wechselwarme Wirbeltiere mit knorpeligem (Knorpelfische: z. B. Haie, Rochen) oder knöchernem Skelett (Knochenfische: fast alle anderen Fische). Der Körper vieler Fischarten ist beschuppt. Die meisten Fische pflanzen sich durch Eier (Laich) fort, Ausnahmen bilden die Knorpelfische, die mit wenigen Knochenfischen zusammen lebendgebärend sind.

Systematik der Fische

Unterteilung nach Herkunft

Fische werden nach verschiedenen Kriterien eingeteilt. Die wichtigste Unterscheidung ist die nach ihrer Herkunft: Danach teilt man sie in See- oder Meeresfische einerseits und Süßwasserfische andererseits ein, wobei der größte Teil der für die menschliche Ernährung bedeutenden Fische in den Meeren, genauer gesagt in den flacheren Küstenmeeren, anzutreffen ist. Bei Mischformen, den so genannten Wanderfischen, die sowohl im Süßwasser als auch im Salzwasser leben, ist der Laichplatz der jeweiligen Fischart entscheidend. So zählt der Aal wegen seines Laichplatzes zu den Meeresfischen, die diversen Forellenarten und der Lachs dagegen zu den Süßwasserfischen.

Vornehmlich Seefische werden wiederum unterteilt in Grundfische und pelagische Fische, also solche, die sich vorwiegend am Grund oder im Pelagial, d. h. im Wasserraum zwischen Grund und Oberfläche, aufhalten bzw. dort gefangen werden.

Unterteilung nach Form

Außerdem werden Fische nach der Form ihres Körperdurchschnitts in Rund- und Plattfische eingeteilt. In der Küche ist diese Unterscheidung z. B. beim Filetieren wichtig (siehe S. 20/21):

Die meisten Fische haben einen runden bzw. ovalen Querschnitt und gehören entsprechend zu den Rundfischen (z. B. Forelle, Hering, Kabeljau).

Plattfische sind den Seefischen zugeordnet und haben sich im Laufe der Evolution an die Gegebenheiten des Meeres, insbesondere des Meeresbodens, angepasst. Zu ihnen gehören z. B. Scholle, Seezunge, Stein- und Heilbutt. Sie haben die Fähigkeit entwickelt, sich an der Oberseite zu tarnen, indem sie ihre Farbe der jeweiligen Umgebung angleichen. Sie verlagern im Zuge ihrer individuellen Entwicklung die Augen auf die getarnte Seite. Dieses Detail ist wichtig, da bei der Vorbereitung des Fisches die pigmentierte Haut, also die Tarnseite, abgezogen wird und die unpigmentierte, dem Meeresboden zugewandte Blindseite am Fisch verbleibt.

Unterteilung nach Fettgehalt

Fische werden zudem nach ihrem Gesamtfettgehalt in drei Gruppen aufgeteilt:

- **Magerfische:** Ihr Fettgehalt liegt bei unter 1 %. Entsprechend haben 100 Gramm zwischen 70 und 90 Kalorien. Die bekanntesten Magerfische sind Dorsch/Kabeljau, Schellfisch, Scholle, Seelachs und Hecht.

- **Mittelfette Fische:** In diese Kategorie gehören Fische, deren Fettgehalt über 1 %, aber unter 10 % liegt. Ihr Kalorienanteil liegt pro 100 Gramm zwischen 90 und 200 Kalorien. Dies gilt z. B. für Seezunge, Brasse, Rotbarsch, Forellenarten und Karpfen.

- **Fettfische:** Der prozentuale Fettgehalt übersteigt bei diesen Fischen 10 %, entsprechend beträgt der Kalorienanteil im Schnitt etwa 200–270 Kalorien pro 100 Gramm. Zu den bekanntesten Fettfischen zählen Aal und Hering, Sardine, Sardelle, Makrele, Thunfisch und Lachs.

Unterteilung nach Qualität

Außerdem werden Fische nach Güte und Preisniveau in Konsumfische und Edelfische eingeteilt. Zu den (relativ) preiswerten Konsumfischen zählen u. a. Dornhai, Hering, Kabeljau, Seelachs, Rotbarsch, Makrele, Scholle und Barsch.
Und zu den wichtigsten hochpreisigen Edelfischen zählen u. a. Aal, Sardine, Sardelle, Goldbrasse/Dorade, Seezunge, Thunfisch, Schwertfisch und Lachs.

Unterteilung nach Fanggebiet

In der Fischerei wird schließlich zwischen Hochseefischerei, Binnenfischerei und Fischzucht (aktuell vor allem die Aquakultur, siehe S. 16) unterschieden.

Das Fisch-ABC

Wer nicht am Meer bzw. in der Nähe sauberer Seen und fließender Gewässer lebt, dem entgeht so mancher fangfrische Leckerbissen. Abseits dieser begünstigten Regionen sind Angebot und Nachfrage etwas eingeschränkter. Die beliebtesten und meistverkauften Fische werden nachfolgend aufgezählt, ohne dabei einen Anspruch auf Vollständigkeit zu erheben. In den Binnengewässern ist es noch relativ einfach, einen Überblick über die einzelnen Fischsorten zu haben. Bei den Seefischen, deren geschätzte Zahl bei ca. 30.000 Arten liegt, ist dies nahezu unmöglich. Allerdings ist nur ein geringer Teil dieser Fische zum Verzehr geeignet. Und statistisch gesehen sind wiederum nur 50 % davon wirtschaftlich interessant. Angebot und Nachfrage beschränken sich also im Wesentlichen auf eine recht überschaubare Zahl.

Auch die nachfolgenden Rezepte befassen sich nur mit gängigen Fischen, die man relativ leicht bekommen kann. Denn was nützt Ihnen das schönste Rezept, wenn dafür ein Fisch vorgesehen ist, den Sie in den meisten Gegenden kaum besorgen können. Weltreisende schwärmen zwar oft von ihren Fischgenüssen in fernen Ländern, aber meistens schmecken diese Fische auch nur an Ort und Stelle so überragend gut, wo sie fangfrisch und nach traditionellen Rezepten zubereitet auf den Tisch kommen.

See- oder Meeresfische

Der **Dornhai/Gefleckte Dornhai** gehört zu den kleinen Haiarten, erreicht eine maximale Größe von 1,2 Metern und ist weltweit schwarmweise in kühlen bis gemäßigt warmen Gewässern anzutreffen. Wenig bekannt ist, dass die berühmten geräucherten „Schillerlocken“ aus dem Bauchlappen des Dornhais hergestellt werden. Auch die übrigen Teile des Hais werden im Ganzen oder filetiert und geräuchert angeboten.

Der **Dorsch/Kabeljau** ist der wichtigste Vertreter der Familie der Dorsche, zu denen u. a. auch Schellfisch und Seelachs gehören. Dem Fettgehalt und der Form nach sind sie Mager- und Rundfische. Der Jungfisch wird als Dorsch bezeichnet. Von der Geschlechtsreife an heißt er Kabeljau. Er wird maximal 1,5–2 Meter lang und ist im Nordatlantik, von North Carolina bis Grönland und von der Biskaya bis Spitzbergen, anzutreffen. Der Kabeljau ist der wichtigste Fisch des gesamten Welthandels und kommt größtenteils als TK-Ware auf den Markt. Aber auch als getrockneter

Stockfisch und als gesalzener und dann getrockneter Klippfisch spielt er eine große Rolle. Aus dem Rogen des Kabeljaus schließlich wird Kaviar-Ersatz hergestellt.

Der **Flussaal** gehört zu den Wanderfischen, denn er lebt und laicht im Meer, verbringt aber seine Wachstumszeit in den Flüssen. Er erreicht eine Länge von bis zu 1,5 Metern. Der Flussaal gilt kulinarisch zu Recht als Edelfisch, weil er ein sehr feines Fischfleisch liefert. Er wird u. a. wegen seines hohen Fettgehalts meist geräuchert. Der Europäische Flussaal ist heimisch im Bereich des Nordatlantiks, von Island und dem Weißmeer bis zu den Azoren und der westafrikanischen Küste, in Nord- und Ostsee sowie im Mittelmeer. Der ihm nah verwandte Amerikanische Flussaal wandert von der Sargassosee mit dem Golfstrom zu den Küsten Europas. Der in europäischen Gewässern ebenfalls heimische Meeraal spielt in der Küche eine weitaus geringere Rolle als der Flussaal.

Der **Hering** zählt wegen seines fetthaltigen Fleisches zu den Fettfischen und wegen seines ovalen Querschnittes zu den Rundfischen. Er lebt in Fischschwärmen und kommt in verschiedenen Unterarten vor. Für unseren Markt vor allem interessant ist der Atlantische Hering, der bis zu 40 Zentimeter lang wird. Er kommt im Nordatlantik von Rhode Island/USA im Westen bis zum Eismeer und dem Ärmelkanal im Osten vor. Auch die Ostsee zählt zu seinen Fanggebieten. Der Hering ist der meistgefangene Fisch überhaupt und hat in seinen verschiedenen Altersstadien unterschiedliche Fangzeiten:

- **Matjes** nennt man die jungfräulichen Heringe vor der Geschlechtsreife. Die Hauptfangzeit ist von Mai bis Juni.
- **Vollhering**, das sind geschlechtsreife Heringe, die noch nicht gelaicht haben und folglich Milch bzw. Rogen in sich tragen. Die Milchner sind weiblich, die Rogener männlich. Fangzeit ist von Juli bis August und von Dezember bis April. Vollheringe werden meist geräuchert und kommen als Bücklinge auf den Markt.
- **Leerheringe**, Ihlen oder Herbstheringe haben abgelaicht, sind fettärmer und geschmacksintensiver als die jüngeren Artgenossen. Das Fischfleisch neigt eher zur Trockenheit, daher kommen sie mit Marinaden und Saucen in Form von Rollmöpsen, Bismarckheringen oder zu Fischsalaten verarbeitet in den Handel. Fangzeit ist September bis Oktober.

Der **Heilbutt** kommt in zwei Unterarten vor: Der **Weiße** und der **Schwarze Heilbutt**: Der Weiße Heilbutt wird bis zu 4 Meter lang und ist damit der größte Plattfisch überhaupt. Der Schwarze

Heilbutt wird dagegen nur bis zu 1,2 Meter lang. Auf dem Markt werden beide aber meistens wesentlich kleiner angeboten. Sowohl Weißer als auch Schwarzer Heilbutt gehören zu den mittelfetten Fischen und kommen im Nordost- und im Nordwestatlantik vor. Das etwas robustere Heilbuttfleisch wird bei uns meist als TK-Ware angeboten.

Die Makrele kommt in verschiedenen Unterarten in vielen Meeren der Welt vor. Nach Form und Fettgehalt gehört sie zu den Rund- und Fettfischen und wird bevorzugt konserviert und geräuchert angeboten. Dies sind die wichtigsten Vertreter:

- Die Atlantische Makrele erreicht eine Länge von 35–50 Zentimetern und ist vor allem in der Nordsee und an den amerikanischen Küsten anzutreffen.
- Die Pazifische Makrele/Mittelmeer-Makrele/Blasenmakrele erreicht ebenfalls eine Länge von 35–50 Zentimetern und wird weltweit in gemäßigten und tropischen Gewässern, im Mittelmeer, Schwarzen Meer und Pazifik von Alaska bis Mexiko gefangen.
- Der Pazifische Bonito ist eng verwandt mit der Makrele, wird bis zu 1 Meter lang und ist an der gesamten Pazifikküste Amerikas heimisch.

Die Familie der Meerbarben ist sehr artenreich und in allen gemäßigten und tropischen Meeren anzutreffen. Sie sind ihrer Form nach Rundfische und ihrem Fettgehalt nach mittelfette Fische. Dies sind die wichtigsten Vertreter:

- Die Rote Meerbarbe/Rotbarbe wird bis zu 30 Zentimeter lang und kommt vor allem im Mittelmeer, Schwarzen Meer und in der Karibik vor.
- Die Gestreifte Meerbarbe/Streifenbarbe ist vor allem im Ostatlantik von den Kanarischen Inseln bis Norwegen und im Mittelmeer heimisch und wird bis zu 50 Zentimeter lang. Kulinarisch ist sie auch unter dem Namen Rouget de roche bekannt.

Die Familie der Meerbrassen ist in allen gemäßigten und tropischen Meeren vertreten. Von den etwa 200 Arten leben allein 20 im Mittelmeer. Zu den kulinarisch wichtigsten Meerbrassen zählen:

- Die Goldbrasse/Dorade (Royal) wird bis zu 70 Zentimeter lang. Sie ist wegen ihres festen, weißen und köstlichen Fleisches bei Feinschmeckern die begehrteste Vertreterin der Familie.
- Die Rotbrasse wird durchschnittlich 20–30 Zentimeter lang und spielt aufgrund ihres hervorragenden Fleisches vor allem im Mittelmeerraum wirtschaftlich eine große Rolle.

Der Red Snapper/Roter Schnapper ist der wichtigste Vertreter der barschartigen Snapper-Familie, die in großer Artenvielfalt in allen tropischen Gewässern heimisch ist. Der Form nach ist er ein Rundfisch, dem Fettgehalt nach ein mittelfetter Fisch. Er wird bis zu 1 Meter lang, aber in der Regel kleiner verkauft. Weltweit sind die Snapper für Feinschmecker die wichtigsten Seefische überhaupt.
Der Rotbarsch/Große Rotbarsch gehört zu den stichlingsartigen Fischen und wird bis zu 1 Meter lang. Sein Fanggebiet erstreckt sich über den Nordatlantik von Schottland und Norwegen über Island bis zum Weißmeer. Seiner Form und dem Fettgehalt nach gehört er zu den Rundfischen und mittelfetten Fischen. Sein Fleisch kommt (meist filetiert) frisch und tiefgefroren, gesalzen und geräuchert in den Handel und ist von sehr großer wirtschaftlicher Bedeutung.
Die Sardelle gehört zur Familie der heringsartigen Fische, der Form und dem Fettgehalt nach zu den Rund- und Fettfischen und wird bis zu 20 Zentimeter lang. Sie kommt im Nordostatlantik, im Mittelmeer und im Schwarzen Meer vor. In den europäischen Küstengebieten gefangene Fische werden meist an Bord der Schiffe eingesalzen und später in Kunststoff- bzw. Glasröhrchen angeboten.
Die Sardine gehört zur Familie der heringsartigen Fische (Rund- und Fettfische). In der gleichnamigen Jungform wird sie 13–16 Zentimeter lang und erreicht später als „Pilchard" eine Länge von bis zu 30 Zentimetern. Sie ist im Nordatlantik von Südirland und Südnorwegen bis nach Madeira und zu den Kanaren sowie im nördlichen Mittelmeer heimisch.
Der Schellfisch gehört zur Familie der Dorsche und wird bis maximal 1 Meter lang. Dem Fettgehalt und der Form nach ist er ein Mager- und Rundfisch. Das Fanggebiet umfasst Nordatlantik, Nordsee, Skagerrak und Kattegat. Das besonders zarte Fischfleisch wird vorwiegend gekocht bzw. gedämpft verwendet.
Die Scholle/der Goldbutt gehört zu den meistgekauften Plattfischen. Dem Fettgehalt nach gehört sie/er zu den Magerfischen. Sie/er kommt im gesamten Nordostatlantik, von Südportugal über die Nordsee bis zum Weißmeer und im westlichen Mittelmeer vor.
Der Schwertfisch gehört zur Familie der Thunartigen und ist entsprechend dem Thunfisch sehr ähnlich. Nach Form und Fettgehalt gehört er zu den Rund- und Fettfischen. Der Schwertfisch kommt in verschiedenen Unterarten, die 2–5 Meter groß werden, in allen gemäßigt warmen Meeren, im Nordostatlantik bis zur Nordsee, im Mittelmeer und im Schwarzen Meer vor.

Der **Seelachs** oder **Köhler** gehört zur Familie der Dorsche und wird bis maximal 1,2 Meter lang. Das Fanggebiet umfasst Nordatlantik, Nordsee, Skagerrak und Kattegat. Dem Fettgehalt und der Form nach ist er ein Mager- und Rundfisch. Sein Fischfleisch kommt frisch, als TK-Ware, getrockneter Stockfisch und als gesalzener und dann getrockneter Klippfisch in den Handel und wird geräuchert als Lachsersatz verwendet.

Der **Seeteufel/**die **Lotte** wird maximal knapp 2 Meter lang. Er/sie ist im Nordostatlantik, in der Nord- und Ostsee anzutreffen. Meist kommt nur der verwendbare Teil des Schwanzes in den Handel. Der Edelfisch ist besonders schmackhaft und vollständig grätenfrei.

Die **Seezunge** ist der bekannteste, feinste und wertvollste unter den Plattfischen, hat ein mittelfettes Fleisch und eine durchschnittliche Größe von 30–40 Zentimetern. Sie ist im Nordostatlantik, in der Nord- und Ostsee sowie im Mittelmeer heimisch.

Die **Sprotte** gehört zur Familie der heringsartigen Fische, der Form und dem Fettgehalt nach zu den Rund- und Fettfischen. Sie wird bis zu 16,5 Zentimeter lang und hat ihre Heimat im Nordostatlantik von den Lofoten bis Gibraltar, in der Nord- und Ostsee, im nördlichen Mittelmeer und im Schwarzen Meer. Sprotten schmecken zwar auch frisch sehr gut, sind aber vor allem heiß geräuchert über die Grenzen Deutschlands hinaus als „Kieler Sprotten" bekannt.

Der **Steinbutt** gehört mit einer Länge von etwa 1 Meter zu den größten Plattfischarten. Nach seinem Fettgehalt ist er ein mittelfetter Fisch. Seinen Namen trugen ihm die zahlreichen knöchernen Verhärtungen (Steine) in der Haut ein. Er ist im Nordostatlantik, vom Mittelmeer bis Island, in Nord- und Ostsee sowie im Schwarzen Meer heimisch. Der Steinbutt zählt wegen seines sehr schmackhaften Fleisches zu den Edelfischen, entsprechend hoch ist sein Preis. Er darf ab einer Größe von 30 Zentimetern gefangen werden und wird dann als „Babysteinbutt" gehandelt. Die übliche Handelsgröße liegt zwischen 45 und 50 Zentimetern.

Der **Thunfisch** zählt weltweit zu den wichtigsten Nutzfischen. Der Form und dem Fettgehalt nach gehört er zu den Rund- und Fettfischen und ist in allen Meeren der Welt verbreitet. Unter den verschiedenen Arten sind die folgenden kulinarisch am wichtigsten:

- **Großer Thunfisch/Roter Thunfisch**. Er ist getreu seinem Namen an seinem rötlichen Fleisch zu erkennen und wird 1–3 Meter lang. Er kommt im Ostatlantik, Mittelmeer und Pazifik vor.
- **Weißer Thunfisch**. Er erreicht eine Größe von 1–1,5 Metern, hat ein helles Fleisch und ist rund um den Globus vertreten.

- **Echter Bonito/Gestreifter Thun**. Dieser Thunfisch erreicht nur eine maximale Länge von 80 Zentimetern und kommt in allen Weltmeeren vor.

Süßwasserfische

Die Familie der **Barsche/Flussbarsche/Eglis** ist sehr artenreich. Von den rund 100 Arten sind 12 in Europa und Kleinasien bis Sibirien vertreten. Sie sind Süßwasserfische, dem Fettgehalt nach Magerfische und der Form nach Rundfische. Sie werden bis zu 40 Zentimeter lang und halten sich in stehenden und fließenden Gewässern auf. Kommerziell besonders wichtig ist die verwandte und ebenfalls artenreiche Familie der **Buntbarsche**, die in tropischen und subtropischen Gewässern heimisch sind. Die vom Wuchs her größeren Arten werden sehr erfolgreich in Aquakulturen gezüchtet. Auch der in afrikanischen Süßgewässern, vor allem im Viktoriasee, ausgesetzte Viktoriabarsch hat mittlerweile wirtschaftlich eine nicht unerhebliche Bedeutung erlangt.

Alle Arten von **Forellen** gehören zur Familie der Lachsfische, sind Rund- und mittelfette Fische. Es werden nach den jeweiligen Standorten 3 Formen unterschieden. Ihre Bestände sind in natürlichen Gewässern stark zurückgegangen. Dies wird durch Aquakultur kompensiert.

- Die **Lachs- oder Meerforelle** ist ein Wanderfisch, der vom Weißmeer bis nach Nordspanien heimisch ist. Bei einer Länge von 15–25 Zentimetern wandern die Junglachse nach 5 Jahren von den Laichplätzen ins Meer, um weitere 5 Jahre später zu ihren Laichplätzen zurückzukehren.
- Die **Seeforelle** ist in großen und tiefen Seen des Voralpen- und Alpenlandes, Skandinaviens, Wales', Schottlands und Irlands heimisch und wird bis zu 1,4 Meter lang. Sie laicht in den Seen selbst, in Zuflüssen und Kiesgruben o. Ä. ab.
- Die **Bachforelle** ist eine stationäre, kleine Forelle, die kühle, sauerstoffreiche Bäche und Flüsse in Europa bis zum Ural und Kleinasien bewohnt. Sie wird bis zu 40 Zentimeter lang.
- Eine weitere wichtige Forellenart ist die **Regenbogenforelle**, die in einer wandernden Stammform und in stationären Süßwasserformen existiert. Die Regenbogenforelle wird maximal 70 Zentimeter lang und ist wirtschaftlich die wichtigste Forelle.
- Weitere bekannte Vertreter der Familie der Lachsfische sind **Äsche, Bach- und Seesaibling, Huche/Donaulach, Renke/Felchen/Maräne (schweiz. Rötel)** siehe S. 15.

Der **Hecht** wählt ruhige und klare Gewässer mit Kiesgrund als Lebensraum und ernährt sich als Raubfisch von Fischen. Er ist in Seen und Flüssen der gemäßigten Klimazonen Europas, Nordamerikas und Asiens heimisch. Der Hecht gehört zu den Rund- und Magerfischen und kann maximal 1,5 Meter groß werden. In der Küche beliebt sind aber vor allem kleinere Exemplare.

Der **Karpfen** lebt als „Wildfisch" überwiegend in stehenden Gewässern Europas, Ost- und Mittelasiens. Es existieren 3 Arten:

- der fast schuppenlose **Lederkarpfen**,
- der leicht beschuppte **Spiegelkarpfen** und
- der beschuppte **Schuppenkarpfen**.

Am besten schmecken junge Karpfen und Karpfenmännchen vor der Geschlechtsreife. Ältere Karpfen werden bis zu 1 Meter lang und 20 Kilogramm schwer, schmecken aber oft „moosig".

Der **Lachs/Salm** lebt als Jungfisch und noch nicht geschlechtsreifer Blanklachs im Meer. Zum Laichen steigt er die Flüsse seines Lebensraums hinauf, sofern sie unverschmutzt, kalt und sauerstoffreich sind. Nach der Laichablage lebt der sich entwickelnde Fisch je nach Standort 1–5 Jahre im Süßwasser und wandert als Junglachs ins Meer zurück, wo er dann rasch an Gewicht zunimmt und bis zu 1,5 Meter lang wird. Früher war er in den europäischen Küstengewässern, vom Weißmeer bis Island, in Nord- und Ostsee und bis Nordportugal sowie Nordamerika sehr verbreitet. Im Norden der USA und in Kanada ist er nach wie vor in nennenswerten Mengen heimisch. Ansonsten müssen Lachse inzwischen wegen der zunehmenden Wasserverschmutzung und Zerstörung von Laichplätzen gezüchtet werden, um den Bedarf zu decken. Dies lohnt sich kulinarisch wie wirtschaftlich, denn sein hervorragendes Fleisch erzielt hohe Preise.

Die **Renke/**das **Felchen/**die **Maräne (schweiz. Rötel)** gehört zu den forellenähnlichen Lachsfischen und kommt in vielen regional unterschiedlichen Formen vor. Es existieren Wanderformen und stationäre Fluss- und Seeformen in stark variierenden Größen und mit nach Jahreszeit variierendem Fettgehalt. Als Süßwasserfisch ist sie/es im gesamten mittleren und nördlichen Europa bis Russland, in Sibirien sowie in Nordamerika heimisch.

Der **Stör** ist ein Wanderfisch, der ursprünglich in allen europäischen Meeren zu finden war. Inzwischen ist er nahezu ausgestorben. Die verschiedenen Arten der Störfamilie kommen heute hauptsächlich in russischen und asiatischen Gewässern vor. Das Fleisch inbesondere der kleineren Arten ist sehr schmackhaft.

Aber berühmt und wirtschaftlich von hohem Interesse ist der Stör vor allem als Lieferant des echten Kaviars (in den Spitzenqualitäten: Beluga, Sevruga und Ossietra).
Der **Wels/Waller** ist ein Raubfisch (fettfleischiger Rundfisch), der in warmen Seen und großen Flüssen Mittel- und Osteuropas vorkommt und bis zu 3 Meter lang wird. Man züchtet ihn aber z. T. auch in Teichen.
Der **Zander** gehört zur Familie der Barsche und wird in der Regel bis zu 70 Zentimeter lang. Der Rundfisch hat ein sehr mageres, kulinarisch vielfältig einsetzbares Fleisch. Er ist ein Raubfisch und kommt vor allem in ganz Mittel- und Osteuropa bis zum Kaspischen Meer vor und wird zudem in anderen Teilen der Welt erfolgreich in Teichen gehalten.

Fische aus der Aquakultur

Unter Aquakultur versteht man die Produktion von Fischen, sonstigen Meerestieren wie Muscheln und Schalentieren sowie Algen unter genau kontrollierten Bedingungen. Sie ist in Marikultur (Salzwasser) und Limnokultur (Süßwasser) unterteilt. Aquakulturverfahren werden im Bereich der Meereskunde immer weiter perfektioniert.
Die stetig wachsende Bedeutung der Aquakultur liegt darin begründet, dass das ökologische Gleichgewicht in vielen Teilen der Weltmeere durch menschliches Einwirken zunehmend gestört ist und infolgedessen seit Jahren die Erträge der weltweiten Fischerei ständig zurückgehen. Entsprechend kommt es immer öfter zu einer zu starken Ausbeutung der Wildbestände, der so genannten Überfischung der Meere.
Die Aquakultur ist ein weltweit rasch wachsender Markt, derzeit werden ca. 25 % der Gesamtfischanlandungen durch sie gedeckt. In China hat Aquakultur schon eine lange Tradition, dort werden z. B. Karpfen schon seit Jahrhunderten gezüchtet. Die heutzutage bekannteste und modernste Aquakultur wird in Norwegen betrieben. Sie hat dort eine rund 30-jährige Geschichte und weltweit Vorbildcharakter. Vor allem Lachs aus Norwegen ist für seine hervorragende Qualität bekannt. In Fischfachgeschäften sind die Fische entsprechend gekennzeichnet.

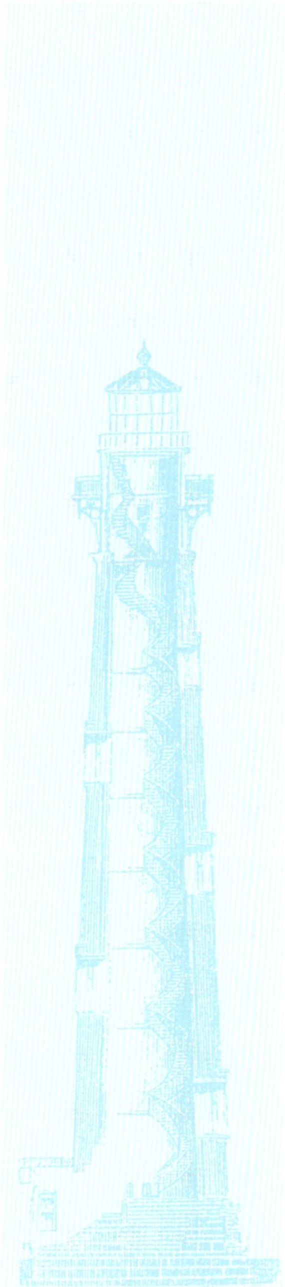

Küchenpraxis

Tipps zum Einkauf von frischem Fisch

Die im Fisch enthaltenen langkettigen Fettsäuren werden bei zu langer Lagerung leicht schlecht. Sie sind die Hauptursache für das Tranig- oder Ranzigwerden von Fisch. Luft- und Lichteinwirkung tun das Ihrige dazu. Damit auf Ihrem Tisch frischer und qualitativ guter Fisch landet, beachten Sie bitte folgende wertvolle Tipps:

- Am besten kaufen Sie Fisch im Fachgeschäft und lassen sich dort beraten. Fragen Sie genau nach und lassen Sie ruhig durchblicken, dass Sie über einige Kenntnisse verfügen.
- Frische Fische müssen auf Eis oder in speziellen Kühltheken offeriert werden. Kaufen Sie auf keinen Fall Fisch, der sichtlich schlecht gekühlt im eigenen Schmelzwasser liegt.
- Da hierzulande „frischer Fisch“ nicht unbedingt gleichbedeutend ist mit „fangfrischem Fisch“, ist grundsätzlich entscheidend, ob in der Theke bereits aufgetauter Fisch oder gelieferter Frischfisch auf dem Eis liegt. Fragen Sie im Zweifelsfalle nach! Fangfrischer Fisch darf lediglich sortiert, verpackt und auf Eis gelagert, aber sonst keiner weiteren Behandlung unterzogen worden sein. Es ist immer absolut empfehlenswert, den Fisch am Einkaufstag zu verwerten. Sollte aber der Einkaufstag ein Freitag sein und der Zubereitungstag ein Sonntag, dann sollte Ihnen der Fischhändler Ihres Vertrauens versichern können, ob der Fisch die zweitägige Lagerung gut übersteht, und dazu wiederum muss er wirklich fangfrisch sein. Viele Fischhändler bieten den zusätzlichen Service an, ihre Ware zu vakuumieren. Machen Sie davon unbedingt Gebrauch!
- Den frisch eingekauften Fisch auf einen umgedrehten Suppenteller in einer Steingutschüssel auf Eiswürfel legen. So kann das schmelzende Eis gut ablaufen, ohne dass das Fischfleisch darin liegt. Die Schüssel gut verschließen, damit die übrigen im Kühlschrank gelagerten Lebensmittel keinen Fischgeruch annehmen.
- Bei unangenehmem Fischgeruch oder anderen Anzeichen dafür, dass der Fisch nicht frisch ist (siehe S. 18), diesen auf keinen Fall mehr verzehren. Eine Fischvergiftung ist eine sehr gefährliche Angelegenheit.

Und dies sind die Qualitätsmerkmale von frischem Fisch im Unterschied zu solchem, der zu lange gelagert wurde:

Die Augen

- sind bei frischem Fisch prall, glänzend, klar und haben eine durchsichtige Hornhaut,
- sind bei altem Fisch eingesunken, haben graue Pupillen und eine milchige Hornhaut.

Die Haut

- ist bei frischem Fisch glatt, glänzend und straff,
- hat bei altem Fisch eine unnatürliche gelbe oder graue Farbe und ist trüb, wenn nicht gar blutig verschmiert. Auch Trockenheit lässt auf eine längere unsachgemäße Lagerung schließen.

Die Kiemen

- sind bei frischem Fisch hellrot, leuchtend, deutlich erkennbar, unverschleimt und unverklebt,
- haben bei altem Fisch eine grauweiße, hellgelbe oder braune Färbung, sind von einem milchigen Schleim überzogen oder sogar verklebt.

Die Schuppen

- sind bei frischem Fisch festsitzend, anliegend und mit einer feinen durchsichtigen Schleimschicht überzogen,
- sind bei altem Fisch leicht ablösbar.

Die Flossen

- sind bei frischem Fisch unversehrt und unverklebt,
- sind bei altem Fisch oft stark verschleimt und verklebt.

Das Muskelfleisch

- ist bei frischem Fisch glatt, zugleich fest und elastisch,
- ist bei altem Fisch rau und weich.

Die Mittelgräte

- ist bei frischem Fisch farbneutral und sitzt sehr fest,
- ist bei altem Fisch rot verfärbt und leicht ablösbar.

Der Geruch

- ist bei frischem Fisch nicht sehr ausgeprägt und erinnert an Meer und Seeluft,
- ist bei altem Fisch penetrant und unangenehm. Im schlimmsten Fall riecht er säuerlich, tranig oder faulig.

Wie viel darf es denn sein?

Bei portionierten Fischfilets von Rund- und Plattfischen (Erklärung dazu siehe S. 7/8) sollte das Rohgewicht knapp 200 Gramm pro Portion betragen. Bei kleinen Fischen werden in etwa 300 Gramm gerechnet, bei großen Fischen gut 400 Gramm. Das liegt individuell an den „Abfällen", die bei den einzelnen Fischsorten anfallen. Zwar kann generell mit einem Verlust von etwa 50 % gerechnet werden, aber das ist eben nur ein Durchschnittswert. Als Beispiel: Durch Karkassen (Fischgerippe) und sonstige Fischabfälle verliert z. B. Kabeljau etwa 25 %, Zander 56 % und Seeteufel etwa 65 % seines Rohgewichts.

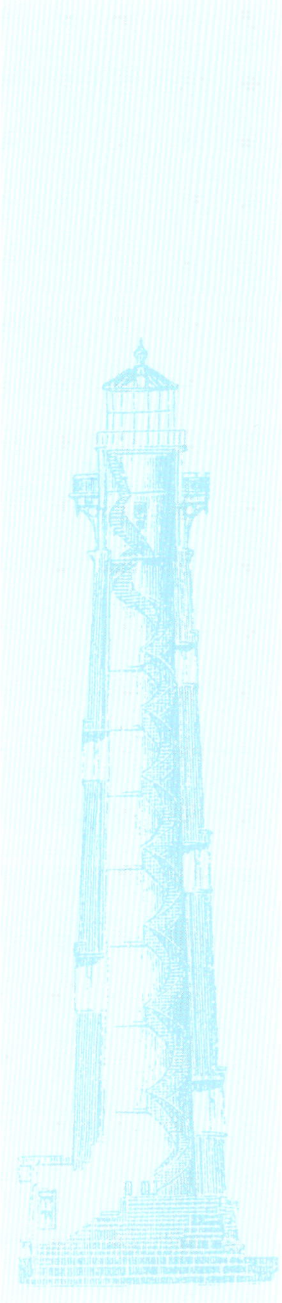

Fisch küchenfertig vorbereiten

Sobald der Fisch den Frischetest bestanden hat, sollten Sie ihn möglichst vom Händler küchenfertig vorbereiten lassen. Dazu entfernt er aus dem Bauchraum sämtliche Innereien. Das Schuppen sollte auch am besten vom Fachmann erledigt werden, da es für Ungeübte nicht ganz einfach ist. Vor allem kann man, sofern man ohne ein spezielles Schuppbrett arbeitet, leicht mit dem Messer abrutschen. Zudem ist es angenehmer, wenn die Küche zu Hause weitgehend verschont bleibt. Lassen Sie sich also den Fisch im Fachgeschäft nach den Rezepterfordernissen so weit wie möglich vorbereiten: nur ausgenommen, mit Kopf oder ohne Kopf, in Stücke von gewünschter Größe geschnitten, gehäutet, filetiert, mit oder ohne Schwanz – alles kein Problem. Die Fischabfälle wie Kopf, Haut, Gräten, Flossen, Schwanz etc. sollten Sie sich unbedingt einpacken lassen und für einen Fischsud verwenden. Den kann man dann, wenn man ihn nicht sofort benötigt, gut einfrieren. Sollten Sie allerdings den Fisch direkt fangfrisch ins Haus geliefert bekommen, so finden Sie im Folgenden detaillierte Erläuterungen für das küchenfertige Zubereiten der Fische.

Vom Bauch her ausnehmen und schuppen

Zunächst entfernt man die Flossen. Den Fisch dazu mit einem Tuch am Schwanzende festhalten und mit einer Schere die Flossen in Richtung Kopf abschneiden. Wird die Haut eines Fisches nicht mitgegessen, brauchen die Schuppen nicht entfernt zu werden – sie schützen das Aroma.

Wenn die Haut mitgegessen wird, muss der Fisch geschuppt werden. Diesen dazu mit einem Tuch am Schwanz festhalten und mit einem großen Messer (oder einem speziellen Fischschupper) die Schuppen rundherum in Richtung Kopf abstreifen; Küchenprofis verwenden für das Schuppen ein spezielles Schuppbrett, an dem jeder beliebige Fisch eingeklemmt werden kann, um ein Abrutschen des Messers zu verhindern. Nach dem Schuppen wird der Fisch unter fließendem kalten Wasser gründlich abgebraust.
Danach folgt das eigentliche Ausnehmen. Dazu den Fisch auf der Bauchseite von der Afterflosse bis zum letzten festen Stück vor dem Kopf aufschneiden bzw. aufschlitzen; dabei die Klinge möglichst flach halten, damit die Eingeweide nicht verletzt werden. Mit den Fingern die Eingeweide an der Afteröffnung lösen, vorsichtig zum Kopf hin herausziehen und am Schlund vorsichtig mit einer Schere abschneiden. Dabei ist es wichtig, dass die Galle nicht verletzt wird, weil das Fischfleisch durch die Flüssigkeit einen bitteren Geschmack bekommen könnte. Die dunkelrote, schlauchartige Niere, die entlang der Wirbelsäule unter einer dünnen Haut verläuft, mit einem kleinen Löffel herausschaben. Die Kiemen an den Ansätzen abschneiden und herausziehen. Dann die entleerte Bauchhöhle sehr gründlich unter fließendem kalten Wasser von Blutresten reinigen.
Größere Rundfische, die im Ganzen zubereitet werden, können mit geübter Hand auch durch den Rücken oder durch die Kiemen ausgenommen werden. Auch dabei ist es wichtig, den Eingeweidestrang unverletzt herauszuziehen.

Das Filetieren und Häuten

Die Frage, ob ein Fisch zuerst gehäutet oder filetiert wird, hängt von seiner Form und Größe ab. Darum werden hier beide Vorgänge zusammen beschrieben. Rund- und Plattfische werden grundsätzlich unterschiedlich behandelt. Dabei ergeben Rundfische 2 Filets und Plattfische 4 Filets.

Rundfische: Zum Filetieren eines Rundfisches zunächst den Kopf abtrennen. Dazu mit einem scharfen Messer direkt hinter dem Kopf schräg bis zur Mittelgräte einschneiden. Den gleichen Schnitt auf der gegenüberliegenden Seite wiederholen. Die Mittelgräte mit kräftigem Druck durchtrennen. Zur Entfernung der Mittelgräte den Rücken direkt neben der Rückenflosse vom Kopfende bis zum Schwanz durchtrennen. Den Fisch auf die Seite legen, das Messer

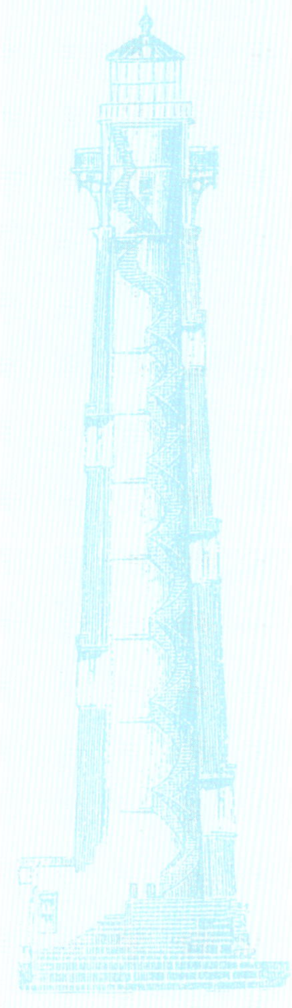

am Kopfende quer unter das obere Filet schieben und es in Richtung Schwanz direkt über der Mittelgräte lostrennen. Auf der anderen Seite der Rückenflosse den Rücken einschneiden, die Mittelgräte freilegen und samt dem Schwanz abheben. Zur Entfernung der Bauchhöhlengräten das Messer in der Mitte des Filets unter die Gräten führen und diese direkt über dem Filet flach abschneiden. Danach das Filet häuten. Dazu am Schwanzende des Filets ein Stück Haut freilegen, das Hautende mit der einen Hand festhalten, das Messer mit der anderen Hand flach zwischen Haut und Fleisch entlangführen und das Filet in Richtung Kopfende von der Haut befreien. Das zweite Filet ebenso häuten.
Ein Spezialfall ist z. B. der Aal. Er wird mit Salz oder Kleie bestreut, um den anhaftenden Schleim zu entfernen, an dem man beim Häuten abrutschen würde. Dann wird die Haut mit einem scharfen Messer rund um den Kopf herum eingeschlitzt, leicht abgelöst und mit einem festeren Griff und viel Kraft in Richtung Schwanz vollständig abgezogen.

Plattfische: Kleine Plattfische werden zuerst gehäutet und dann filetiert, bei großen Exemplaren häutet man die ausgelösten Filets. Plattfische haben eine unpigmentierte Seite, die so genannte Blindseite, die sie dem Meeresboden zuwenden, und eine mit den Augen versehene Tarnseite, die sich der Umgebung entsprechend verfärbt.
Den Fisch mit der Blindseite auf die Arbeitsfläche legen. Mit einem spitzen, scharfen Messer am Flossensaum direkt über den Augen am Rande des Kopfes ansetzen, rund um den Kopf herum einschneiden und das Messer entlang der Mittelgräte bis zur Schwanzflosse weiterführen. Dann die Haut auf einer Seite am Flossensaum entlang einschneiden. Mit der einen Hand das obere Rückenfilet in der Mitte der Mittelgräte etwas anheben und das Messer mit der anderen Hand unter dem Fleisch ganz flach direkt auf der Gräte zu den Rändern führen, bis das Filet vollständig ausgelöst ist; dabei das Filet sukzessive nach außen klappen. Mit dem unteren Filet der Tarnseite ebenso verfahren. Dabei vorsichtig vorgehen, da der ggf. vorhandene (und sehr schmackhafte) Rogensack nicht verletzt werden darf. Die Filets mit der Haut nach unten auf die Arbeitsfläche legen. Am hinteren Ende das Fleisch bis auf die Haut einschneiden, ohne diese zu verletzen. Mit der einen Hand das Hautende festhalten, das Messer mit der anderen Hand ganz flach direkt über der Haut unter das Fleisch führen und das Filet von der Haut trennen.

Fransigen Flossenrand und braunes Gewebe entfernen. Den Fisch umdrehen und die Filets der Blindseite wie beschrieben häuten.

Sonderfall: Fische für das „Blaukochen“

Zu beachten ist, dass Fische, die zum „Blaukochen“ bestimmt sind, nicht geschuppt werden dürfen, da sonst die Schleimhaut verletzt wird. Und diese wiederum verfärbt sich durch das Zusetzen von Essigwasser blau. Fische, die blaugekocht werden sollen, müssen wirklich fangfrisch sein. Bitte brausen Sie sie nur kurz ab und verzichten Sie auf das Abtrocknen oder gar Abreiben.

Die 3-S-Regel

Köche befolgen bei Fisch die so genannte 3-S-Regel: säubern, säuern und salzen – genau in dieser Reihenfolge. Denn das Säuern mit Zitronensaft oder Essig erfolgt, damit sich das Fischfleisch zusammenzieht und bei der Zubereitung stabiler bleibt. Würde man den Fisch zuerst mit Salz bestreuen und dann säuern, würde es sich wieder ablösen.

Entgräten

Die Fischfilets sollte man nach dem Filetieren noch einmal sorgfältig auf Gräten untersuchen, denn Gräten auf dem Teller und – hoffentlich nicht – im Hals können den Fischgenuss sehr verleiden. Legen Sie die rohen Fischfilets dafür über eine Kante des Arbeitsbretts, denn so stehen die Gräten ein wenig ab und sind besser zu erkennen. Danach sollten Sie noch sacht mit der Handfläche darüberstreichen. Sobald Sie etwas Spitzes sehen oder fühlen, an der entsprechenden Stelle die Gräte herausziehen. Am besten geht dies mit einer speziellen Fischpinzette, die in gut sortierten Haushaltsgeschäften erhältlich ist.

Bardieren

Vor allem Magerfische können bei manchen Zubereitungsarten leicht trocken werden. Um dies zu vermeiden, werden die Fische vor der Zubereitung mit Speck umwickelt. Das verleiht ihnen außerdem noch ein wundervoll rauchiges Aroma.

Fischgeruch vermeiden

Bei Fisch, der gedünstet oder gekocht werden soll, einfach unter den Topfdeckel ein leicht mit Essig getränktes Tuch klemmen. Die Arbeitsplatte vor und nach dem Hantieren mit Fisch mit kaltem

Wasser gründlich abbrausen und dann mit Zitronenwasser abwischen. Auch die Hände sollten Sie nach getaner Arbeit mit frischer Zitrone abreiben.

Leichte Arbeit mit Tiefkühlfisch

Nicht immer deckt sich die Lust auf fangfrischen Fisch mit den Angeboten vor Ort. Zwangsläufig greift man dann auf die große Auswahl in den Tiefkühltruhen der Supermärkte zurück. Die tiefgefrorene Ware ist weit besser als ihr Ruf. Die Fische werden bereits auf See, an Bord der riesigen Schiffe mit integrierten Kühl-, Gefrier- und Fertigungsanlagen verarbeitet und direkt schockgefrostet. Das Ergebnis ist „seegefrosteter Fisch", welcher keine Qualitätseinbußen gegenüber fangfrischem Fisch aufweist. Und die Auswahl ist wirklich immens. Auch exotische Fische aus aller Welt zählen dazu.
Die Industrie stellt aus Fisch vielfältige neue Produkte her. Er wird gepresst, mit Mehl versetzt und zu Mus oder Pasteten verarbeitet. Die beliebtesten Produkte in der Palette sind zweifelsohne die Fischstäbchen, mit denen kochgestresste Eltern ihrem Nachwuchs oft ein bisschen Fisch bzw. Gesundheit nahebringen wollen. Laut Verordnung muss allerdings nur die Hälfte von Fischstäbchen und -frikadellen aus dem wertvollen Fischmuskelfleisch bestehen. Der Rest ist gemischtes Fischmus und Panade mit Phosphatzusätzen. Diese aber verhindern die Versorgung des Körpers mit Calcium. Aber zum Glück sind inzwischen ja auch Bio-Fischstäbchen auf dem Markt.
Zusammenfassend wäre zu sagen, dass fangfrischer Fisch das Nonplusultra für Geschmack und Qualität darstellt – aber das ist ja kein Geheimnis. Doch hochwertige Tiefkühlprodukte sind gesundheitlich und kulinarisch eine sehr gute zweite Wahl.

Die verschiedenen Zubereitungsarten

Dämpfen

Die schonendste Art, Fisch zu garen, ist das Dämpfen. Dabei wird er in einem offenen Topf oder Wok – in ein Sieb oder einen Dampfkorb gebettet – in dem vom kochenden Wasser aufsteigenden Dampf gegart. Sehr beliebt ist diese Garmethode in der Diätküche.

Pochieren und Garziehen

Zumeist Fischfilets, kleine Fische oder Fischstücke lässt man, in nur wenig erhitzter Flüssigkeit in Form von Wein, Wasser oder Fischfond, knapp unter dem Siedepunkt schonend gar ziehen. Der dabei entstandene Fischsud wird meist mit Sahne, Crème fraîche oder Crème double zu einer sämigen Sauce verarbeitet.

Dünsten und Schmoren

Fisch im Ganzen oder in Stücken wird in einem entsprechenden Topf von allen Seiten in erhitztem Fett bzw. im eigenen Saft angedünstet. Zum Schmoren gießt man Flüssigkeit in Form von Fischsud, Weißwein, Wasser, Brühe oder Sauce an. Dann verschließt man den Topf mit dem Deckel und gart den Fisch bei geringer bis mittlerer Hitze.

Blaukochen

Nur ganze, fangfrische Fische mit unverletzter Schleimhaut auf der Fischhaut können blaugekocht werden. Die Fische dürfen vorher nicht geschuppt werden, denn die Blaufärbung wird durch das Zusammenspiel von Fischschleimhaut und Essigwasser erreicht (siehe auch den Abschnitt »Sonderfall: Fische für das „Blaukochen“« auf S. 22).

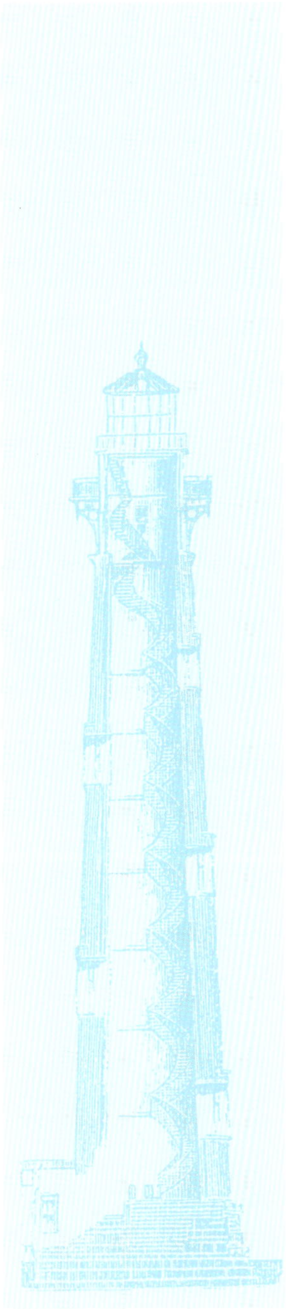

Braten in der Pfanne

Für das Braten in der Pfanne wird reichlich Öl, Butter oder Butterschmalz verwendet, um dem zu bratenden ganzen Fisch, den Koteletts, den Filets, geteilten Portionsstücken oder den industriell gefertigten Fischprodukten zu einer saftigen, knusprigen Kruste zu verhelfen.

Garen im Ofen

Bei großen Fischen, die im Ganzen serviert werden sollen, reicht die Herdplatte als Hitzequelle nicht aus. Darum gart man sie z. B. in einer Auflaufform, im Bräter oder in einer feuerfesten Pfanne im Backofen. Dabei sollte die Temperatur bei kleinen Fischen auf 180 °C, bei großen Fischen auf 200 °C eingestellt werden. Falls der Fisch nicht nur auf der Seite liegend, sondern auch auf den Bauch gestellt gegart werden soll, empfiehlt es sich, den Bauchraum z. B. mit rohen Kartoffeln zu füllen. Sie sollten den Fisch außerdem mit reichlich Fett bepinseln und, falls er zu dunkel wird, vor Ende der Garzeit die empfindliche Fischhaut auf der Oberfläche mit Alufolie abdecken.

Garen in der Folie etc.

Dabei werden ganze Fische oder große Portionsstücke in Bratfolie, Alufolie oder Pergamentpapier verpackt und auf dem Grill oder im Backofen gegart. Diese Garmethode garantiert puren, exzellenten Fischgeschmack.

Grillen

Ganze Fische, Scheiben (Tranchen) oder aufgespießte Portionsstücke eignen sich hervorragend zum Grillen. Vor allem Fettfische! Beim Grillen von ganzen Fischen ist es ratsam, die Schuppen nicht zu entfernen, weil diese eine besonders gute Schutzschicht gegen die starke Hitzeeinwirkung darstellen. Während des Grillvorgangs die Fischstücke wiederholt mit Öl bepinseln (keine Butter – sie verbrennt zu leicht!) und ganze Fische zum Schutz der empfindlichen Haut zusätzlich mit Salzwasser befeuchten.

Frittieren

Kleine Fische oder Portionsstücke werden bei dieser Garmethode in reichlich siedend heißem Fett bei etwa 180 °C schwimmend knusprig ausgebacken bzw. frittiert. Anschließend lässt man sie auf Küchenpapier abtropfen.

Salate, Vorspeisen & Snacks

Lust auf Fisch? Aber weniger auf große Portionen oder ausgedehnte Küchenaktionen? Dann sind die Rezepte in diesem Kapitel bestimmt genau das Richtige für Sie. Hier finden Sie für Ihre kleinen, aber feinen Fischgelüste Snacks und kleine Zwischengerichte, die schnell zubereitet sind. Und auch die mannigfaltigen Salatkreationen mit Fisch werden Ihnen sicherlich köstlich munden. Ob sie nun einen Menüreigen eröffnen oder Ihre persönlichen „Hauptdarsteller" werden, bleibt ganz Ihrem Gusto überlassen. Sicher ist, dass Vorspeisen, die den Gaumen auf ganz besondere Weise verwöhnen, oft die heimlichen Stars eines gelungenen Abends werden.

Grüne eingelegte Heringe nach Bismarck-Art

Reichskanzler Fürst von Bismarck gewährte dem Fischereigewerbe im Jahre 1871 einen großzügigen Kredit. Als Dank dafür wurde der eingelegte Hering in „Bismarck-Hering" umgetauft.

2 frische (grüne) Heringsdoppelfilets (à ca. 250 g),
1 TL Zucker,
Salz,
frisch gemahlener Pfeffer,
1/8 l Weißweinessig,
2 Lorbeerblätter,
5 Pimentkörner,
5 Korianderkörner,
5 Wacholderbeeren,
1/4 TL Kümmel,
1/4 TL Senfkörner,
1 Zwiebel,
1 Bund Dill

3 Tage vor dem Verzehr die Fischfilets abbrausen und trockentupfen. Beide Seiten der Filets mit Zucker, Salz und Pfeffer würzen. Übereinander legen, in Alufolie wickeln und zum Durchziehen für 1 Tag in den Kühlschrank legen.
Am nächsten Tag in einem Topf je 1/8 Liter Wasser und Essig mit den Lorbeerblättern und den Gewürzen aufkochen. Den Topf vom Herd nehmen und die Flüssigkeit abkühlen lassen. Die Heringsfilets aus dem Kühlschrank nehmen, abbrausen und trockentupfen. Die Zwiebel schälen, halbieren und in feine Streifen schneiden. Den Dill abbrausen, trockentupfen, die Spitzen abzupfen und grob hacken. Die Heringsfilets in ein geeignetes Gefäß (am besten in einen Steinguttopf) lagenweise mit Zwiebelstreifen und Dill schichten. Mit dem erkalteten Gewürzsud bedecken und mit Klarsichtfolie oder einem entsprechenden (Holz-)Deckel abdecken. Im Kühlschrank mindestens 2 Tage durchziehen lassen.

Die süß-sauren Heringsfilets mit dunklem Brot und Kartoffelsalat genießen. Falls Sie die frischen Heringe im Ganzen kaufen, dann einfach entlang dem Bauch aufschneiden und die Innereien entfernen. Kopf und Flossen abschneiden und die Fische gut abbrausen. Dann den Bauch so aufklappen, dass die Mittelgräte mit den dazugehörigen Seitengräten herausgezogen werden kann. Sie erhalten so ein zusammenhängendes Doppelfilet ohne Gräten. Sie können die Heringe auch längs so auseinanderschneiden, dass Sie einzelne Filets erhalten.

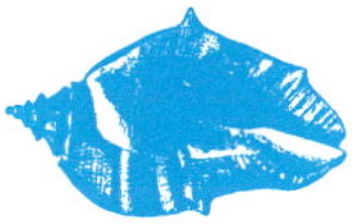

Heringshäckerle

*4 eingelegte Salzheringe,
2 Eier (Größe M),
1 Bund Schnittlauch,
1 Zwiebel,
1 große Gewürzgurke,
100 g durchwachsener Räucherspeck,
1 TL scharfer Senf,
50 g Mayonnaise,
frisch gemahlener Pfeffer,
4 große Scheiben Bauernbrot,
1 TL zimmerwarme Butter*

Am Vortag die Salzheringe abbrausen, trockentupfen und die Köpfe abschneiden. In kaltes Wasser einlegen und zugedeckt über Nacht wässern. Am nächsten Tag unter fließendem kalten Wasser gründlich abbrausen und trockentupfen. Die Heringe häuten und filetieren. Alle verbliebenen Gräten entfernen und die Filets klein schneiden. Eier in kochendem Wasser in etwa 10 Minuten hart kochen.
Inzwischen den Schnittlauch abbrausen, trockentupfen und in Röllchen schneiden. Zwiebel schälen und klein würfeln. Eier abgießen, kalt abschrecken, pellen und klein hacken. Gurke längs in Streifen und quer in Stückchen schneiden. Räucherspeck sehr fein würfeln. Senf mit Mayonnaise verrühren und mit den vorbereiteten Zutaten locker vermengen, mit Pfeffer würzen. Mit Folie abdecken und etwa 30 Minuten im Kühlschrank ziehen lassen. Die Brotscheiben mit Butter bestreichen, das Heringshäckerle darauf verteilen und servieren.

Ein typisch ostdeutsches Essen, dessen Ursprung in Schlesien liegt – allerdings ohne Mayonnaise. Salzheringe verwendet man heutzutage nur noch selten dafür, weil sie gewässert und filetiert werden müssen. Sie können stattdessen eingelegte Matjesfilets verwenden, dann geht es schneller.

Eingelegte Bratheringe

*4 frische (grüne) ausgenommene Heringe,
Saft von 1/2 Zitrone,
Salz,
frisch gemahlener Pfeffer,
100 g Mehl,
50 g Butterschmalz,
1/4 l weißer Essig,
1 Lorbeerblatt,
8 Pfefferkörner,
1 TL Senfkörner,
1/2 TL Korianderkörner,
3 Zwiebeln,
1 Salzgurke*

1 Tag vor dem Verzehr die Heringe abbrausen und mit Küchenpapier trockentupfen. Mit Zitronensaft beträufeln, salzen und pfeffern. In Mehl wenden und das überschüssige Mehl abklopfen.
Fett in einer größeren Pfanne erhitzen und die Heringe darin auf beiden Seiten in insgesamt 10 Minuten knusprig braten. Herausnehmen und auf Küchenpapier abtropfen und abkühlen lassen.
In einem Topf Essig mit 1/4 Liter Wasser, Lorbeerblatt, Pfeffer-, Senf- und Korianderkörnern aufkochen. Den Topf vom Herd ziehen und den Essigsud abkühlen lassen.
Inzwischen Zwiebeln schälen und wie die Gurke in Scheiben schneiden. Die Heringe abwechselnd mit Zwiebel- und Gurkenscheiben

in einen geeigneten Topf (am besten einen Steinguttopf) schichten. Mit dem kalten Essigsud bedecken. Zugedeckt für mindestens 1 Tag in den Kühlschrank oder an einen kühlen Ort stellen.

Für eine Vorspeisenportion genügt die Hälfte der eingelegten Heringe, aber es lohnt sich, sie auf Vorrat zu machen. Sie halten sich im Kühlschrank einige Tage.

Marinierte Rollmöpse

8 Salzheringe

Für die Marinade:
2 Zwiebeln,
200 ml Weißweinessig,
2 Lorbeerblätter,
1 Prise Zucker,
1 EL Senfkörner

Für die Füllung:
1 Zwiebel,
2 Gewürzgurken,
2 EL mittelscharfer Senf,
3 EL eingelegte Kapern

Außerdem:
Zahnstocher,
Zwiebelwürfel zum Bestreuen

Mindestens 4 Tage vor dem Verzehr die Salzheringe abbrausen, trockentupfen und die Köpfe abschneiden. In eine passende Form legen und mit kaltem Wasser bedecken. Mit Folie abdecken und die Fische über Nacht wässern. Währenddessen zweimal das Wasser wechseln. Am nächsten Tag die Heringe häuten und filetieren. Alle verbliebenen Gräten entfernen.
Für die Marinade Zwiebeln schälen und in Scheiben schneiden. In einem Topf zusammen mit 1/2 Liter Wasser, Essig, Lorbeerblättern, Zucker und Senfkörnern aufkochen. Den Topf vom Herd ziehen und die Marinade vollständig erkalten lassen.
Für die Füllung die Zwiebel schälen und fein würfeln. Gurken in feine Stifte schneiden. Heringsfilets mit Küchenpapier trockentupfen. Auf einer Arbeitsplatte auslegen und dünn mit Senf bestreichen. Darauf Zwiebelwürfel sowie Kapern streuen und quer 1–2 Gurkenstifte legen. Die Fischfilets aufrollen und mit Zahnstochern fixieren. Dann locker in ein geeignetes Gefäß (am besten in einen Steinguttopf) schichten. Mit der erkalteten Marinade vollständig bedecken. Den Topf mit Folie bzw. dem passenden Holzdeckel abdecken und die Rollmöpse in einem kühlen Raum 3 bis höchstens 14 Tage einlegen.
Zum Servieren die Rollmöpse mit etwas Marinade beträufeln und mit Zwiebelwürfeln bestreuen.

Ihr Name führt zurück zu ihrem Berliner Ursprung: Traditionell wurden dort die Heringe ausgenommen, vom Kopf befreit, entgrätet, gefüllt und aufgerollt. Dabei beließ man die Schwanzflosse am Filet und rollte es so auf, dass sie keck hochragte – es erinnerte an das Stummelschwänzchen eines Mopses.

Senf-Matjes-Salat

250 g Erbsen-Möhren-Mischung (TK oder Glas),
4 Eier (Größe M),
4 Matjesfilets,
2 Frühlingszwiebeln,
2 Chicorée,
1/2 Bund Dill,
100 ml Sahne,
1 TL mittelscharfer Senf,
1 TL Zitronensaft,
Salz,
frisch gemahlener Pfeffer,
1/4 TL Currypulver,
1 säuerlicher Apfel

Die Erbsen-Möhren-Mischung aus dem Glas in einem Sieb abtropfen lassen. TK-Ware auftauen lassen. Inzwischen die Eier in kochendem Wasser in etwa 10 Minuten hart kochen. Matjesfilets schräg in feinste Streifen schneiden. Frühlingszwiebeln putzen und klein würfeln. Chicorée putzen, längs halbieren, vom Strunk befreien und quer in Streifen schneiden. Dill abbrausen, trockentupfen, die Spitzen abzupfen und grob hacken. Sahne mit Senf und Zitronensaft zu einem Dressing verrühren. Mit Salz, Pfeffer und Curry würzen und zwei Drittel des Dills unterziehen.
Den Apfel schälen, vom Kerngehäuse befreien und in Stifte schneiden. Alle vorbereiteten Salatzutaten mit der Senfsauce locker vermengen und auf Teller verteilen. Mit restlichem Dill garnieren.

Eingelegte Matjesfilets bekommen Sie das ganze Jahr über in speziellen Fischfachgeschäften oder in Kühltheken gut sortierter Supermärkte.

Roter Heringssalat

3 Salzheringe (oder eingelegte ungewässerte Heringe),
500 g kleine festkochende Kartoffeln,
Salz,
1/2 Bund Petersilie,
2 Gewürzgurken,
1 Zwiebel,
150 g gegarter Schweinebraten in Scheiben,
250 g Rote-Bete-Würfel mit etwas Saft (Glas),
1 EL eingelegte Kapern,
1 TL scharfer Senf,
4 EL Pflanzenöl,
1 TL Weißweinessig,
frisch gemahlener Pfeffer

Am Vortag die Salzheringe abbrausen, trockentupfen und die Köpfe abschneiden. In kaltes Wasser einlegen und zugedeckt über Nacht wässern. Am nächsten Tag unter fließendem kalten Wasser gründlich abbrausen und trockentupfen. Die Heringe häuten und filetieren. Alle verbliebenen Gräten entfernen und die Filets in gleichmäßige, dünne Streifen schneiden. Eingelegte Heringe nur in Streifen schneiden. Kartoffeln in kochendem Salzwasser in etwa 20 Minuten garen. Abgießen, kurz ausdampfen lassen, pellen und in kleine Würfel schneiden.
Inzwischen die Petersilie abbrausen und trockentupfen, die Blättchen abzupfen und fein hacken. Gurken in kleine Würfel schneiden. Zwiebel schälen und ebenfalls fein würfeln. Schweinebraten in schmale Streifen schneiden. Alle vorbereiteten Zutaten mit Rote-Bete-Würfeln, etwas Rote-Bete-Saft und Kapern in einer Schüssel locker vermengen. Senf mit Pflanzenöl und Weißweinessig verrühren und vorsichtig unter den Salat mischen. Mit Salz und Pfeffer würzen.

Aus dem Harz stammt dieser bunte Fischsalat, der auch gerne zu Heiligabend serviert wird. Im Originalrezept wird auch die so genannte Heringsmilch für die Salatsauce verwendet. Dazu diese milchige Flüssigkeit mit einem Messer aus den Fischhäuten schaben, mit etwas kaltem Wasser verquirlen und durch ein Sieb streichen. Mit Pflanzenöl und Essig verrühren.

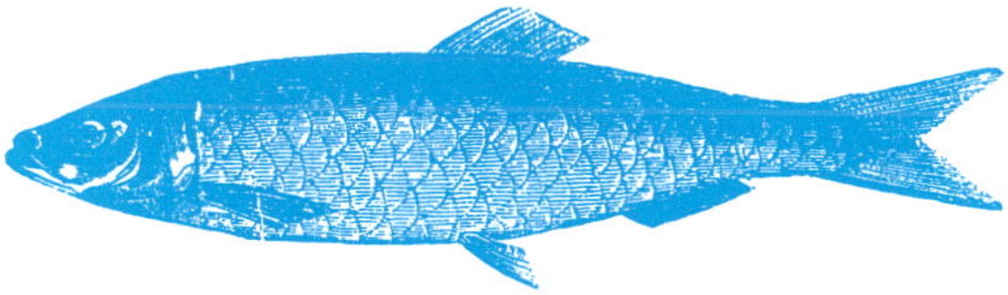

... wenn die Leipziger kommen

Kartoffelsalat mit Hering

1 kg kleine festkochende Kartoffeln,
Salz,
1 Zwiebel,
2 Gewürzgurken,
4 eingelegte Matjesfilets,
150 g gegarter Kalbsbraten in Scheiben,
1 Bund Schnittlauch,
2 EL Weißweinessig,
2 EL Pflanzenöl,
frisch gemahlener Pfeffer,
1 TL mittelscharfer Senf,
100 g Mayonnaise,
100 g saure Sahne,
1 säuerlicher Apfel

Die Kartoffeln in kochendem Salzwasser in etwa 20 Minuten garen. Abgießen, kurz ausdampfen lassen, pellen und abkühlen lassen. Inzwischen Zwiebel schälen und fein würfeln. Gurken längs in dünne Streifen und quer in kleine Würfel schneiden. Matjesfilets abbrausen, trockentupfen und schräg in schmale Streifen schneiden. Kalbsbraten ebenfalls in schmale Streifen schneiden. Schnittlauch abbrausen, trockentupfen und in Röllchen schneiden. Die Kartoffeln in Scheiben schneiden, in eine Schüssel legen und mit Essig und Öl übergießen. Zwiebelwürfel darüberstreuen, alles leicht mit Pfeffer würzen und etwa 15 Minuten ziehen lassen. Senf, Mayonnaise und saure Sahne cremig rühren. Den Apfel schälen, vom Kerngehäuse befreien und in Stifte schneiden. Apfelstifte, Gurken-, Matjes- und Bratenstreifen sowie Schnittlauch vorsichtig unter die Kartoffeln mengen. Den Salat nochmals abschmecken und servieren.

Auch dieser Kartoffelsalat mit Hering ist in einigen östlichen Regionen Deutschlands ein traditionelles Weihnachtsessen. Anstelle der Matjesfilets können Sie auch eingelegte Heringe, gewässerte und filetierte Salzheringe oder auch Bratheringe verwenden.

Sardinen in Saor-Marinade

Für die Sardinen:
12 frische Sardinen (insgesamt ca. 450 g),
60 ml Olivenöl,
Salz

Für die Marinade:
3 mittelgroße Zwiebeln,
60 ml extra natives Olivenöl,
3 Lorbeerblätter,
75 ml Weißweinessig,
2 EL Rosinen,
2 EL Pinienkerne,
frisch gemahlener Pfeffer,
1 Prise Zucker

Außerdem
Mehl zum Wenden

war in Venedig
sooo lecker!

2 Tage vor dem Verzehr die Köpfe der Sardinen abschneiden und die Fische ausnehmen. Sorgfältig abbrausen und trockentupfen. Das Öl in einer großen Pfanne erhitzen. Die Fische leicht salzen und in Mehl wenden. Rasch von beiden Seiten in dem Öl knusprig braten, herausnehmen und auf Küchenpapier abtropfen lassen.
Inzwischen für die Marinade Zwiebeln schälen und in dünne Ringe schneiden. Das Öl in einer großen Pfanne erhitzen. Zwiebelringe mit den Lorbeerblättern hineingeben und bei mittlerer bis geringer Hitze unter häufigem Umrühren in etwa 15 Minuten weich dünsten, ohne sie Farbe nehmen zu lassen. Mit dem Weißweinessig ablöschen, Rosinen und Pinienkerne dazugeben, mit Pfeffer und Zucker würzen.
Die abgetropften Sardinen in eine flache Schüssel legen, mit der heißen Marinade übergießen und zugedeckt im Kühlschrank etwa 2 Tage ziehen lassen.

Bagna caôda

Für 8–10 Portionen

5 Knollen frischer Knoblauch,
1 l Milch,
250 g in Salz eingelegte Sardellen,
3/4 l extra natives Olivenöl,
4 Paprikaschoten,
2 Möhren,
1 Fenchelknolle,
4 Stangen Staudensellerie,
1 Zucchini

Den Knoblauch schälen und in einem Topf mit der Milch zum Kochen bringen. Dann die Hitze reduzieren und den Knoblauch in knapp 1 Stunde zu Mus kochen. Den Topf vom Herd nehmen, ggf. die überschüssige Milch abgießen und den Knoblauch in einem tiefen Teller mit einer Gabel zerdrücken.

Sardellen abbrausen und mit Küchenpapier trockentupfen. Mit Knoblauchmus und Olivenöl in einem Topf unter ständigem Rühren vorsichtig erhitzen, bis sich die Fische vollständig aufgelöst haben. Die Sardellencreme in eine Schale füllen. Inzwischen das Gemüse schälen bzw. putzen und längs in 10 Zentimeter lange Streifen schneiden. Dekorativ auf einer Platte anrichten und zum Dippen zur Sardellensauce reichen.

Das Rezept für diese heiße Fischsauce ist eine mit Milch abgerundete Variante des Klassikers aus dem Piemont. Es gehört zu den Lieblingsrezepten der Lektorin dieses Buches und stammt von deren Freund Bernhard Walpen aus Luzern.

Spanische Sardellen

400 g frische Sardellen,
Salz,
frisch gemahlener Pfeffer,
50 g Mehl,
1/2 Bund Petersilie,
2 rote Chilischoten,
1 Zwiebel,
3 Knoblauchzehen,
5 schwarze Oliven,
5 EL Olivenöl,
4 Zitronenviertel zum Garnieren

Die Sardellen abbrausen und trockentupfen. Mit Salz und Pfeffer rundherum würzen und in einer Schüssel mit Mehl unter Schwenken vermischen. Petersilie abbrausen und trockentupfen, die Blättchen abzupfen und fein hacken. Chilischoten von Stielansatz, Samen sowie Scheidewänden befreien und klein würfeln. Zwiebel und Knoblauch schälen und fein würfeln. Oliven entsteinen und klein schneiden.

In einer großen Pfanne das Olivenöl erhitzen und Petersilie, Chili, Zwiebel, Knoblauch und Oliven darin unter Rühren etwas anschwitzen. Die Sardellen leicht abklopfen und in die Pfanne geben. Unter ständigem Wenden einige Minuten braten. Den Pfanneninhalt auf 4 Teller verteilen und mit je 1 Zitronenviertel garnieren.

Die kleinen Fischchen werden im Ganzen gegessen. Es gibt sie auch als Tiefkühlware. Diese einfach in einem Sieb auftauen und abtropfen lassen.

Gefüllte Tomaten mit Sardellen

4 Fleischtomaten,
3 Eier (Größe M),
3 eingelegte Sardellenfilets,
1 Bund Petersilie,
1 Schalotte,
2 EL eingelegte Kapern,
4 große Kopfsalatblätter,
1 EL Dijon-Senf,
100 g Mayonnaise,
Salz,
frisch gemahlener Pfeffer,
edelsüßes Paprikapulver

Die Tomaten blanchieren, kalt abschrecken, quer halbieren und vom Stielansatz befreien, dann die Früchte aushöhlen (das Innere anderweitig verwenden). Die Eier in kochendem Wasser in etwa 10 Minuten hart kochen. Danach mit kaltem Wasser abschrecken, pellen und fein hacken.

Inzwischen die Sardellenfilets kalt abbrausen, mit Küchenpapier trockentupfen und sehr fein hacken. Petersilie abbrausen und trockentupfen, die Blättchen abzupfen und fein hacken. Schalotte schälen und fein würfeln. Etwa zwei Drittel der Kapern hacken und den Rest für die Garnitur beiseitelegen. Salatblätter abbrausen und trockentupfen.

In einer Schüssel Eier, Senf und Mayonnaise cremig rühren. Sardellen, Schalotte, Kapern und Petersilie untermischen. Mit Salz und Pfeffer würzen. Die Tomatenhälften mit der Mischung füllen. Die Salatblätter mittig auf 4 Teller legen und je 2 gefüllte Tomatenhälften auf jedem Blatt anrichten. Mit den restlichen Kapern garnieren und mit dem Paprikapulver bestreuen.

Anstelle der Sardellenfilets können Sie auch geräucherten Lachs, Forellenfilets oder Schillerlocken verwenden.

Sushi mit Seelachs und Forellenfilet

Für den Reis:
350 g Sushi-Reis,
3 EL Reisweinessig,
2 EL Zucker,
1 TL Salz

Den Reis in ein Sieb schütten und mehrmals mit kaltem Wasser spülen. Das Wasser so lange erneuern, bis es klar bleibt. Dann 50–60 Minuten auf einem Sieb abtropfen lassen.

Danach den Reis mit 1/2 Liter Wasser zum Kochen bringen und so lange köcheln lassen, bis sich auf der Oberfläche kleine Löcher bilden; das dauert 5–10 Minuten. Dann Hitze abschalten.

Für das Sushi:
2 EL Wasabipulver,
200 g Seelachsfilet,
200 g Forellenfilet,
1 Nori-Blatt pro Maki-Sushi

Außerdem:
japanische Sojasauce zum Dippen,
eingelegte Ingwerscheibchen

Den Topf mit dem Deckel verschließen und den Reis 10–12 Minuten quellen lassen. Den Deckel abnehmen und den Reis unter einem Geschirrtuch nochmals 15 Minuten ruhen lassen. In eine Keramik- oder Holzschale (auf keinen Fall eine Metallschale!) umfüllen. Reisweinessig mit Zucker und Salz verrühren, bis sich die Kristalle aufgelöst haben. Die Würzmischung unterziehen und den Reis mit einem Spatel vorsichtig rühren, bis er abgekühlt ist, währenddessen mit einem Fächer zusätzlich kühle Luft darüberfächeln. So ist er nach etwa 10 Minuten komplett erkaltet.
Für das Sushi das Wasabipulver mit 5 Esslöffeln kaltem Wasser zu einer Paste verrühren und kurz quellen lassen. Die beiden Fischsorten abbrausen und trockentupfen. Dann quer zur Faser in dünne Streifen schneiden.
Für Nigiri-Sushi aus der Hälfte des Reises Bällchen formen, diese auf der Arbeitsplatte leicht abflachen und in die Oberfläche eine Vertiefung drücken. Etwas Wasabi einfüllen und darauf Seelachsstreifen anrichten.
Dann für Maki-Sushi die Noriblätter einzeln in einer heißen beschichteten Pfanne ohne Fett nur ganz kurz rösten, bis sie zu duften beginnen. Je 1 Noriblatt auf einer trockenen Arbeitsfläche auslegen und dünn mit Wasabi bestreichen. Den restlichen Reis gleichmäßig dick darauf verteilen; dabei auf jeder Seite einen Rand von etwa 1 Zentimeter frei lassen. Quer in die Mitte Forellenstreifen legen. Das Noriblatt samt Füllung fest aufrollen und mit einem sehr scharfen Messer 2 Zentimeter breite Scheiben abschneiden. Nigiri- und Maki-Sushi auf 4 Teller verteilen. Mit dem restlichen Wasabi garnieren. Sojasauce und Ingwer dazu servieren.

Das Vorbereiten des Sushi-Reises ist zwar recht aufwendig, aber die Prozedur lohnt sich. Denn nur wenn er frisch gekocht wurde und möglichst rasch abkühlt, wird der Reis einerseits körnig, locker und glänzend, aber andererseits schon so klebrig, dass das Sushi seine Form gut behält.

Verlangen Sie für Sushi Fisch in (der sprichwörtlichen) Sushiqualität. Auch Filets vom Wolfsbarsch, Lachs, Thunfisch, von Seezunge oder Meerbrasse eignen sich hervorragend dafür.

Fischpralinen mit Kaviarjoghurt

400 g festfleischiges Fischfilet ohne Haut und Gräten (z.B. Red Snapper, Lachs, Kabeljau, Rotbarsch),
Saft von 1/2 Zitrone,
Salz,
frisch gemahlener Pfeffer,
1/2 Bund gemischte Kräuter,
16 Scheiben hauchdünn geschnittener Räucherspeck (Frühstücksspeck),
150 g Naturjoghurt,
50 g saure Sahne,
1 EL schwarzer Kaviar (z.B. Seehasenrogen),
1 EL Sonnenblumenöl
Außerdem:
16 Zahnstocher

Das Fischfilet abbrausen und trockentupfen. In 16 etwa gleich große Stücke schneiden und mit Zitronensaft beträufeln. Mit Salz und Pfeffer würzen. Die Kräuter abbrausen und trockentupfen, die Blättchen abzupfen und fein hacken. Je 1 Fischstück anteilig mit Kräutern bestreuen, in 1 Scheibe Speck wickeln und mit 1 Zahnstocher fixieren.

Joghurt mit der sauren Sahne verrühren und den Kaviar unterziehen. Mit Pfeffer würzen, in Portionsschälchen füllen und mit den restlichen Kräutern bestreuen.

In einer beschichteten Pfanne das Öl erhitzen und die Fischstücke darin rundherum kross braten. Herausnehmen, auf Küchenpapier abtropfen lassen und je 4 Fischpralinen mit einem Portionsschälchen Kaviarjoghurt auf einem Teller anrichten.

Anstelle von Kaviar 50 Gramm Garnelen fein hacken und unter den Joghurt mischen. Oder statt der gemischten Kräuter Oregano, Basilikum oder Petersilie solo verwenden.

Rotbrasse auf Spinat mit Mojosauce

Für die Mojosauce:
2 grüne Paprikaschoten,
5 Knoblauchzehen,
1/2 Bund Petersilie,
1 TL Kreuzkümmelsamen,
6 EL Olivenöl,
1 TL Sherryessig,
Salz,
frisch gemahlener Pfeffer

Für die Rotbrasse:
250 g Rotbrassenfilet,
Saft von 1/2 Zitrone,
Salz,
frisch gemahlener Pfeffer,
250 g junger Spinat,
2 EL Olivenöl,
1 EL Sherryessig,
2 EL Butter

Für die Mojosauce die Paprikaschoten von Stielansatz, Samen und Scheidewänden befreien und das Fruchtfleisch in kleine Würfel schneiden. Knoblauch schälen und fein würfeln. Petersilie abbrausen und trockentupfen, Blättchen abzupfen und fein hacken. In einem Mörser Kreuzkümmelsamen, Knoblauch und Paprikawürfel fein zerstoßen. Die Mischung mit Petersilie, Olivenöl und Sherryessig verrühren. Mit Salz und Pfeffer würzen.
Für die Rotbrasse das Fischfilet abbrausen und trockentupfen. In Streifen schneiden, mit Zitronensaft beträufeln und mit Salz und Pfeffer würzen. Den Spinat putzen und in kochendem Salzwasser 1 Minute blanchieren. In ein Sieb gießen, kalt abschrecken und abtropfen lassen.
Olivenöl, Sherryessig, Salz und Pfeffer zu einem Dressing verrühren. Die Spinatblätter breitflächig auf 4 Teller verteilen und mit dem Dressing beträufeln.
Die Butter in einer Pfanne heiß schäumend erhitzen und darin die Fischstreifen unter Schwenken etwa 4 Minuten braten. Herausnehmen, auf dem Spinat verteilen und mit der Mojosauce garnieren. Den restlichen Mojo in ein Schälchen füllen und separat dazu reichen.

Ein typisch kanarisches Rezept mit einer grünen Mojosauce. „Mojo“ heißt übersetzt Mischung und bezeichnet eine würzige Sauce zum Dippen.
Anstelle der Rotbrasse können Sie auch einen Blue Marlin (einen typischen Fisch von den Kanaren, der auch ab und zu bei uns im Angebot ist), Lachsfilet, Scholle, Kabeljau oder ein anderes festfleischiges Fischfilet verwenden.

Thunfischsalat nach Nizza-Art

250 g kleine Kartoffeln,
Salz,
2 Eier (Größe M),
250 g grüne Bohnen,
1 Dose Thunfisch im eigenen Saft (Abtropfgewicht ca. 130 g),
1 Zwiebel,
2 Fleischtomaten,
1 grüne Paprikaschote,
4 eingelegte Sardellenfilets,
4 Stängel Basilikum,
5 EL Olivenöl,
3 EL Weißweinessig,
frisch gemahlener Pfeffer

Die Kartoffeln in kochendem Salzwasser in etwa 20 Minuten garen. Abgießen, kurz ausdampfen lassen, pellen und in Scheiben schneiden. Inzwischen die Eier in kochendem Wasser in etwa 10 Minuten hart kochen. Kalt abschrecken, pellen und in Viertel schneiden. Bohnen putzen und in kochendem Salzwasser in etwa 10 Minuten bissfest garen. Dann in ein Sieb abgießen, kalt abschrecken und abtropfen lassen. Thunfisch ebenfalls abtropfen lassen und mit einer Gabel zerpflücken. Zwiebel schälen und in dünne Ringe schneiden. Tomaten blanchieren, kalt abschrecken, von Stielansatz und Kernen befreien und das Fruchtfleisch in Streifen schneiden. Paprikaschote von Stielansatz, Samen sowie Scheidewänden befreien und in dünne Streifen schneiden. Sardellenfilets kalt abbrausen, mit Küchenpapier trockentupfen und klein schneiden. Basilikum abbrausen und trockentupfen, die Blättchen abzupfen und in Streifen schneiden. Alle vorbereiteten Zutaten in eine Schüssel geben. Aus Ölivenöl, Essig, Salz und Pfeffer ein Dressing rühren. Über den Salat gießen, vorsichtig untermengen und sofort servieren.

Sie können den Salat auch mit frischem Thunfisch servieren. Dazu den Fisch in Tranchen schneiden und in etwas Butter braten oder im Backofen grillen. Den Salat breitflächig auf Teller verteilen und den Thunfisch obenauf legen.

Fisch & Kraut
→ tolle Kombination

Räucherfisch und Sauerkraut im Blätterteig

300 g Blätterteig (TK oder Kühltheke),
200 g gemischter Räucherfisch (z.B. Schillerlocke, Aal, Lachs),
2 Eigelb (Größe M),
4 EL saure Sahne,
grob geschroteter schwarzer Pfeffer,
1 EL frisch geriebener Meerrettich,
5 Stängel Petersilie,
100 g kaltes gekochtes Sauerkraut,
Mehl für die Arbeitsfläche,
1 EL flüssige Butter

TK-Blätterteig auftauen lassen. Den Räucherfisch in kleine Würfel schneiden und mit 1 verquirlten Eigelb und saurer Sahne vermengen. Mit Pfeffer würzen und den Meerrettich unterrühren. Petersilie abbrausen und trockentupfen, die Blättchen abzupfen und fein hacken. Sauerkraut fein hacken und in einer Schüssel mit der Petersilie vermengen.
Den Backofen auf 220 °C (Umluft 200 °C, Gas Stufe 4) vorheizen und ein Backblech mit Backpapier auslegen. Den Blätterteig auf einer bemehlten Arbeitsfläche dünn ausrollen und in Dreiecke von etwa 10 Zentimetern Seitenlänge schneiden. Jeweils in die Mitte etwas Sauerkraut und Fischmasse geben. Die Teigdreiecke von der Längsseite zur Spitze hin aufrollen. Das zweite Eigelb mit Butter verquirlen, die Hörnchen damit bestreichen und auf das Backblech legen. Im vorgeheizten Ofen auf der mittleren Schiene in 10–15 Minuten goldbraun backen.

Dazu passt ein gemischter Salat mit Vinaigrette.

Tatar vom Lachs

Den Dill abbrausen, trockentupfen, abzupfen und fein hacken. Das Lachsfilet abbrausen, trockentupfen und sehr klein würfeln. Mit Zitronensaft, Olivenöl und der Hälfte des gehackten Dills vermengen, salzen und pfeffern. Mit Folie abdecken und etwa 15 Minuten in den Kühlschrank stellen. Auf Tellern anrichten und mit dem restlichen Dill bestreuen. Mit je 1 Zitronenscheibe und ein paar Kapern garnieren. Nach Belieben Crème fraîche dazu servieren.

1/2 Bund Dill,
400 g frisches Lachsfilet ohne Haut und Gräten,
Saft von 1/2 Zitrone,
2 EL Olivenöl,
Salz,
frisch gemahlener Pfeffer,
4 Zitronenscheiben,
1 EL eingelegte Kapern,
100 g Crème fraîche nach Belieben

Sie können das Lachstatar zusätzlich mit Tabasco und Worcestersauce würzen. Servieren Sie dazu Stampfkartoffeln (siehe Tipp zu Gebratenen Eglifilets mit Petersilienkruste S. 91), Kartoffelpuffer oder Blinis.

dran denken: 2 Tage Vorlauf!!

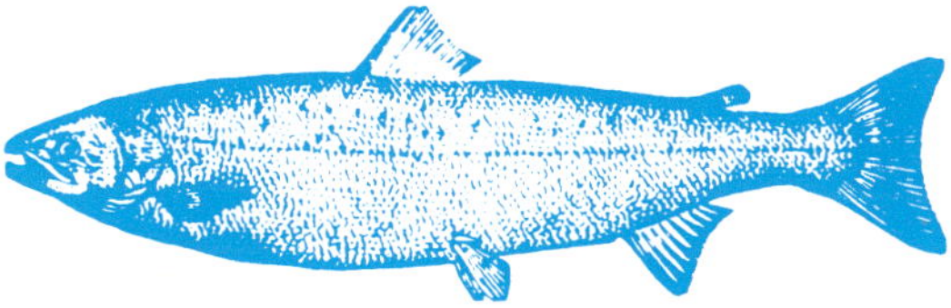

Gebeizter Lachs mit schwedischer Senfsauce

1 frische Lachsseite ohne Gräten (500–600 g)

Für die Beize:
2 Bund Dill,
1 Bund Petersilie,
1 unbehandelte Zitrone,
150 g Salz,
150 g Zucker,
2 EL weiße Pfefferkörner,
2 EL Senfkörner,
2 EL Wacholderbeeren,
1 EL Sonnenblumenöl

Für die Senfsauce:
1/2 Bund Dill,
2 EL mittelscharfer Senf,
2 EL brauner Zucker,
1 Eigelb (Größe M),
100 ml Sonnenblumenöl,
2 EL Weißweinessig,
Salz,
frisch gemahlener Pfeffer

Außerdem:
Sonnenblumenöl zum Bepinseln

2 Tage vor dem Verzehr für die Beize Dill und Petersilie abbrausen, trockentupfen, Spitzen und Blättchen abzupfen und grob hacken. Die Zitrone heiß abbrausen, trockenreiben und die Schale ohne das Weiße dünn abschneiden. In einer Schüssel Salz, Zucker, Pfefferkörner, Senfkörner, Wacholderbeeren und Öl mit den Kräutern vermischen. Eine tiefe Form, die in den Kühlschrank passt, auswählen und den Boden mit der Hälfte der Gewürzmischung bestreuen. Die Lachsseite abbrausen, trockentupfen und mit der Hautseite nach unten in die Form legen. Mit der restlichen Gewürzmischung bestreuen. Die Zitronenschalen darauf verteilen und die Form mit Klarsichtfolie abdecken. In den Kühlschrank stellen und den Lachs etwa 48 Stunden beizen. Währenddessen zweimal wenden.
Danach für die Senfsauce den Dill abbrausen, trockentupfen, abzupfen und fein hacken. In einer Schale Senf, Zucker und Eigelb cremig rühren. Das Öl erst tropfenweise, dann in dünnem Strahl unterschlagen. Mit Essig, Salz und Pfeffer würzen und zuletzt den Dill unterziehen. Die Senfsauce in 4 Portionsschälchen verteilen.
Den Lachs aus der Form nehmen und 1–2 Minuten kalt abbrausen. Trockentupfen und mit Öl bepinseln. Schräg in möglichst dünne Scheiben schneiden, auf 4 Teller verteilen und mit der Sauce servieren.

Reichen Sie dazu Toast und richten Sie den Lachs zusätzlich mit oder auf einer Salatgarnitur an.

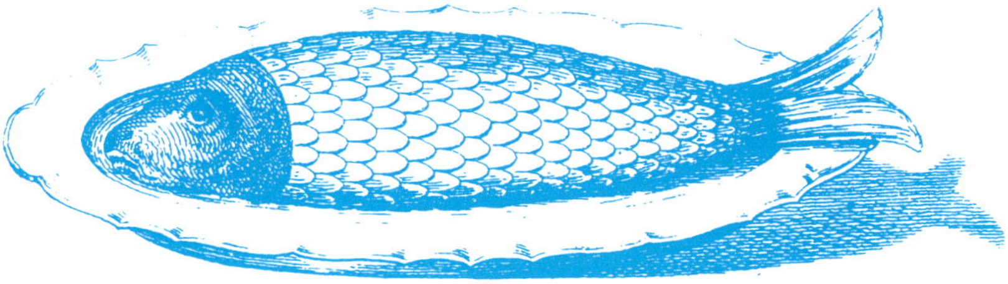

Gemüse und Lachs mit Petersilienöl vom Blech

1 Bund Petersilie,
2 Knoblauchzehen,
6 EL Olivenöl,
1 kleine Aubergine,
Salz,
1 rote Paprikaschote,
2 Fleischtomaten,
1 kleine Zucchini,
8 Champignons,
4 Tranchen Lachsfilet (à 50 g),
1 EL Zitronensaft,
frisch gemahlener Pfeffer

Die Petersilie abbrausen und trockentupfen, die Blättchen abzupfen und fein hacken. Knoblauch schälen und durch die Knoblauchpresse zum Olivenöl drücken. Petersilie ebenfalls unterrühren. Aubergine putzen, längs vierteln und quer in dünne Scheiben schneiden. Auf einer Arbeitsfläche auslegen, mit Salz bestreuen und etwa 10 Minuten ziehen lassen. Danach mit Küchenpapier trockentupfen.

Inzwischen Paprikaschote von Stielansatz, Samen sowie Scheidewänden befreien und das Fruchtfleisch in etwa 1 Zentimeter breite Streifen schneiden. Tomaten blanchieren, kalt abschrecken, von Stielansatz und Kernen befreien und das Fruchtfleisch ebenfalls in etwa 1 Zentimeter breite Streifen schneiden. Zucchini putzen, längs halbieren und quer in etwa 1/2 Zentimeter dicke Scheiben schneiden. Champignons putzen, mit einem Küchentuch abreiben und halbieren. Lachsstücke abbrausen und trockentupfen. Mit Zitronensaft beträufeln und mit Salz und Pfeffer würzen. Den Backofen auf 180 °C (Umluft 160 °C, Gas Stufe 2) vorheizen.

Das vorbereitete Gemüse auf einem Backblech verteilen und mit dem Petersilienöl beträufeln. Mit Salz und Pfeffer würzen. Den Lachs obenauf legen. Das Backblech in den vorgeheizten Ofen (mittlere Schiene) schieben und das Gemüse mit dem Lachs in etwa 20 Minuten garen.

Je nach Saison können Sie Gemüsesorten und Fischarten variieren. Versuchen Sie das Gericht doch einmal mit Bohnen, Fenchel, Kirschtomaten oder Staudensellerie und mit Filets von Red Snapper, Kabeljau oder Rotbarsch.

Lachstarteletts

Für den Teig das Mehl auf eine Arbeitsfläche sieben und in die Mitte eine Mulde drücken. Butter, Ei, Salz und 1–2 Esslöffel Wasser hineingeben und alles rasch zu einem glatten Mürbeteig verkneten. Den Teig auf einer bemehlten Arbeitsfläche 3 Millimeter dick ausrollen und 8 Kreise von ca. 14 Zentimetern ausstechen.
Den Backofen auf 200 °C (Umluft 180 °C, Gas Stufe 3) vorheizen. Die Tartelettförmchen einfetten. Mit dem Teig auslegen, die Ränder andrücken und den überstehenden Teig rundherum abschneiden. Den Boden der Förmchen mit passend zugeschnittenem Pergamentpapier auslegen und getrocknete Hülsenfrüchte wie Erbsen oder Linsen einfüllen. Die Förmchen in den vorgeheizten Ofen schieben und den Mürbeteig in 15 Minuten hell blindbacken. Herausnehmen und Hülsenfrüchte sowie Papier entfernen.
Für die Füllung den Fischfond in einem Topf bei geringer Hitze langsam auf 1/8 Liter einkochen, abkühlen lassen. Inzwischen die Schalotten schälen und sehr fein hacken. Den Lachs abbrausen, trockentupfen und in Würfel von etwa 2 Zentimetern Kantenlänge schneiden. Die Butter in einer Pfanne zerlassen und die Schalotten darin leicht anschwitzen. Den Fond angießen, aufkochen und die Hitze reduzieren, leicht mit Salz und Pfeffer würzen. Die Lachswürfel einlegen und darin 2–3 Minuten gar ziehen lassen. Herausnehmen und auf Küchenpapier abtropfen lassen.
Die Temperatur des Backofens auf 220 °C (Umluft 200 °C, Gas Stufe 4) erhöhen. Den Fond vom Herd nehmen. Eier, Sahne und die Hälfte des Dills unterrühren. Die Lachsstreifen auf dem Boden der vorgebackenen Törtchen verteilen und mit der Sahnesauce auffüllen. In den Ofen schieben und in etwa 10 Minuten hellbraun backen. Garprobe machen: Die Tartelettes im Ofen leicht hin und her bewegen. Wenn die Flüssigkeit noch nicht vollständig gestockt ist, noch einige Minuten weiterbacken. Falls die Törtchen zu dunkel werden, mit Alufolie abdecken. Vor dem Servieren mit dem restlichen Dill bestreuen.

Für 8 Tartelettförmchen

Für den Teig:
270 g Mehl,
125 g Butter,
1 Ei,
1/4 TL Salz

Für die Füllung
1/4 l Fischfond
(nach Grundrezept siehe S. 49 oder Fertigprodukt),
2 Schalotten,
400–500 g Lachs
(frisch oder geräuchert),
30 g Butter,
Salz,
frisch gemahlener Pfeffer,
3 Eier,
1/8 l Sahne,
2 EL gehackter Dill

Außerdem:
Mehl für die Arbeitsfläche,
Butter für die Förmchen

Sie können nach demselben Rezept selbstverständlich auch eine Tarte in einer großen Spring- oder Tarteform backen und sie dann als Hauptgericht reichen.

Wenn Sie mögen, können Sie auch die Hälfte des Lachses durch Champignons oder Garnelen ersetzen.

Für die Pfannkuchen:
1–2 Stängel Petersilie,
100 g Mehl,
150 ml Milch,
2 Eier (Größe M),
Salz,
frisch gemahlener Pfeffer,
1 Msp. frisch geriebene Muskatnuss,
1 EL flüssige Butter,
200 g Räucherlachs in Scheiben

Für die Meerrettichsahne:
3 cm frische Meerrettichwurzel,
1/4 l Sahne,
1 kleiner säuerlicher Apfel,
1 TL Zitronensaft,
Salz,
frisch gemahlener Pfeffer,
1 Prise Zucker

Außerdem:
Butter zum Backen,
2 Kopfsalatherzen,
gehackte Petersilie zum Bestreuen

Räucherlachsröllchen mit Meerrettichsahne

Für die Pfannkuchen die Petersilie abbrausen und trockentupfen, die Blättchen abzupfen und fein hacken. In einer Schüssel Mehl und Milch mit dem Handrührer glatt rühren. Eier sowie Petersilie zugeben und unterschlagen. Den Teig mit Salz, Pfeffer und Muskat würzen und die Butter unterrühren.

Für die Meerrettichsahne den Meerrettich schälen und fein schaben. Sahne steif schlagen und den Meerrettich unterziehen. Apfel schälen, vierteln, vom Kerngehäuse befreien und in die Sahne raspeln. Mit Zitronensaft, Salz, Pfeffer und etwas Zucker würzen.

In einer beschichteten Pfanne Butter erhitzen und nacheinander 8 dünne Pfannkuchen backen. Diese einzeln auf einer Arbeitsplatte auslegen und mit den Räucherlachsscheiben belegen. Dünn mit Meerrettichsahne bestreichen und die Pfannkuchen aufrollen. Die Rollen einzeln in Klarsichtfolie wickeln und für mindestens 30 Minuten in den Kühlschrank stellen. Restlichen Sahnemeerrettich in ein Servierschälchen füllen und ebenfalls abgedeckt in den Kühlschrank stellen.

Die Kopfsalatherzen vom Strunk befreien, in einzelne Blätter zupfen und auf 4 Teller verteilen. Die gefüllten Fischrollen auswickeln und mit einem scharfen Messer schräg in etwa 1 Zentimeter breite Scheiben schneiden. Die Röllchen mit den Schnittseiten nach oben auf den Salatblättern anrichten. Mit der gehackten Petersilie bestreuen und mit der Meerrettichsahne servieren.

Sie können auch gebeizten Lachs, feine Scheiben von Schillerlocken, Bückling oder geräucherten Butterfisch verwenden.

Geräucherte Forellenfilets auf Kaviarbroten

5 Stängel Dill,
8 Scheiben Baguette,
3 EL Olivenöl,
2 geräucherte Forellenfilets,
150 g Keta-Kaviar (orangefarbener Forellenkaviar),
1 TL Zitronensaft,
frisch gemahlener Pfeffer

Den Backofen auf 180 °C (Umluft 160 °C, Gas Stufe 2) vorheizen. Den Dill abbrausen und trockentupfen, abzupfen und etwa zwei Drittel davon fein hacken. Restlichen Dill für die Garnitur beiseitelegen. Die Baguettescheiben auf einem Backblech verteilen und mit 1 Esslöffel Olivenöl beträufeln. Das Backblech in den vorgeheizten Ofen (mittlere Schiene) schieben und die Brotscheiben in 8–10 Minuten hell rösten.
Inzwischen die Forellenfilets schräg in etwa 1 Zentimeter breite Stücke schneiden. Den Kaviar mit Zitronensaft und dem restlichen Olivenöl verrühren oder mit einem Pürierstab leicht cremig rühren. Gehackten Dill unterziehen und mit Pfeffer würzen.
Die Baguettescheiben mit etwas Kaviarmischung bestreichen und darauf die Forellenfiletstücke verteilen. Mit Dill garnieren und je 2 Scheiben auf einem Vorspeisenteller servieren.

Alternativ dazu können Sie die Forellenfilets auch im Ganzen mit dem Kaviardip auf Vorspeisentellern anrichten und dazu Pumpernickel oder frisches Weißbrot reichen.

Fischterrine vom Zander

Für 1 Kastenform von etwa 25 cm Länge

2 Schalotten,
500 g Zanderfilet ohne Haut,
1/4 l trockener Weißwein,
1/2 Bund gemischte Kräuter (z.B. Petersilie, Dill),
500 g Vollmilchjoghurt,
100 g Crème fraîche,
Salz,
frisch gemahlener Pfeffer,
Saft von 1/2 Zitrone,
40 g Gelatinepulver

Die Schalotten schälen und fein würfeln. Das Fischfilet abbrausen, trockentupfen und dann schräg in etwa 1/2 Zentimeter dicke Scheiben schneiden.

In einem Topf den Wein mit den Schalotten aufkochen und die Hitze reduzieren. Die Fischfilets einzeln in den Sud legen und etwa 1 Minute ziehen lassen. Mit einem Schaumlöffel herausheben und auf einen Teller legen. Mit Folie abdecken und für 20 Minuten in den Kühlschrank stellen. Fischsud vollständig erkalten lassen.

Eine Kastenform so mit Klarsichtfolie auslegen, dass sie rundherum großzügig über den Rand der Form hängt, und sie leicht mit kaltem Wasser benetzen. Die Kräuter abbrausen und trockentupfen, die Blättchen abzupfen und fein hacken. Joghurt mit Crème fraîche verrühren und mit Salz, Pfeffer und Zitronensaft würzen. Das Gelatinepulver mit einem Schneebesen in den Sud einrühren, kurz aufkochen lassen und durch ein Haarsieb seihen. Auf etwa 50 °C abkühlen lassen und den Sud mit den Kräutern unter die Joghurtcreme ziehen. Etwas Creme auf dem Boden der Form verteilen. Mit Fischfilets belegen und wieder gleichmäßig mit der Joghurtcreme überziehen. So lange fortfahren, bis alle Zutaten aufgebraucht sind, dabei mit Joghurtcreme abschließen. Die Kastenform mit der überhängenden Folie dicht verschließen und für mindestens 6 Stunden in den Kühlschrank stellen. Vor dem Servieren die Terrine auf eine Platte stürzen, die Folie abziehen und mit einem scharfen Messer oder einem Elektromesser in 1/2–1 Zentimeter dicke Scheiben schneiden.

Diese köstlich erfrischende Fischterrine auf oder mit einem bunten Salat sowie mit frischem Baguette servieren. Anstelle des Zanderfilets passt auch Filet von Lachs oder Red Snapper.

Obstsalat mit Fisch

Die Fischfilets abbrausen, trockentupfen und in kleinere mundgerechte Stücke schneiden. Mit Zitronensaft beträufeln, mit Salz und Pfeffer würzen. In einem Topf 1/4 Liter Wasser mit Wein, 1 Prise Salz und dem Lorbeerblatt aufkochen. Die Hitze reduzieren und die Fischstücke einlegen. Bei geringer Hitze in etwa 2 Minuten gar ziehen lassen. Herausnehmen, auf einen Teller legen und mit Alufolie abdecken.

Inzwischen Orangen und Grapefruit so schälen, dass auch die weiße Haut mit entfernt wird. Die Filets zwischen den Innenhäutchen herauslösen. Gurke erst in dünne längliche Scheiben und dann quer in Stifte schneiden. Birne und Apfel schälen, vierteln, vom Kerngehäuse befreien und in dünne Spalten schneiden. Mayonnaise mit saurer Sahne und Kräutern verrühren. Mit dem vorbereiteten Obst und den Gurkenstreifen in einer Schüssel locker vermengen. Vorsichtig mit Salz und Pfeffer würzen. Zuletzt die Fischstückchen untermengen. Den Salat auf Teller verteilen und mit Mandelblättchen bestreuen. Nach Belieben mit etwas Paprikapulver bestäuben.

Sollten vom Vortag gekochte Fischreste vorhanden sein, können Sie sie für dieses Rezept verwerten. Aber selbstverständlich können Sie auch eigens dafür gegrillten Fisch oder geräuchertes Fischfilet verwenden.

400 g gehäutete Fischfilets (z. B. Kabeljau, Rotbarsch, Forelle, Zander),
Saft von 1/2 Zitrone,
Salz,
frisch gemahlener Pfeffer,
100 ml trockener Weißwein,
1 Lorbeerblatt,
2 saftige Orangen,
1 rosa Grapefruit,
1 größere Gewürzgurke,
1 kleine Birne,
1 säuerlicher Apfel,
100 g Mayonnaise,
50 g saure Sahne,
1 TL gemischte Kräuter (TK),
grob geschroteter schwarzer Pfeffer,
50 g Mandelblättchen,
edelsüßes und rosenscharfes Paprikapulver nach Belieben

Für Mutige

Suppen & Eintöpfe

Etwas Warmes braucht der Mensch... am besten eine Suppe oder einen Eintopf. Es gibt doch kaum etwas Heimeligeres, als wenn sie in einem großen Topf auf dem Herd köcheln, auf dem Teller oder in der Suppenschale dampfend auf dem Tisch stehen. Fisch und Suppe, das gehört in fast allen Ländern der Welt einfach zusammen, egal ob der Fisch dabei ganz rustikal im Ganzen bzw. in größeren Stücken gegart oder als zartes Filet mit diversen Gemüsesorten kombiniert wird – oder ob er gar auf Sterne-Niveau in Form von feinsten Fischnocken seinen Auftritt hat. In diesem Kapitel findet jeder seinen Fischteller zum Auslöffeln. Die Gerichte reichen von klassischen Evergreens der deutschen Küsten bis zu den Highlights der Regionalküchen des Mittelmeerraums. Aber allen voran steht das Grundrezept für einen Fischfond.

1 kg Fischkarkassen (Gräten, Köpfe, Flossen, am besten von mageren Fischen wie z. B. Hecht, Seezunge),
2 kleine Zwiebeln,
1 Stange Staudensellerie,
1 Stange Lauch,
etwa 50 g Fenchel,
1/2 Bund gemischte Kräuter (Dill, Petersilie, Kerbel, Thymian, Basilikum),
1 EL Olivenöl,
200 ml trockener Weißwein,
3 Lorbeerblätter,
1 TL weiße Pfefferkörner,
2 Gewürznelken,
2 Wacholderbeeren,
2 EL Wermut (Noilly Prat),
Saft von 1/2 Zitrone

Fischfond (Grundrezept)

Die Fischkarkassen in kaltem Wasser so lange wässern und wieder abgießen, bis das Wasser klar bleibt. Zwiebeln schälen und fein würfeln. Staudensellerie putzen und in kleine Stücke schneiden. Lauch längs halbieren, zwischen den Blattschichten abbrausen und quer in Stücke schneiden. Fenchel putzen und in grobe Stücke schneiden. Die Kräuter abbrausen, trockentupfen und etwas kleiner zupfen.
In einem breiten Topf das Olivenöl erhitzen und darin das vorbereitete Gemüse kurz andünsten. Die tropfnassen Fischkarkassen hinzufügen und 1 Minute mitdünsten. Alles mit Wein ablöschen und mit 2 Litern Wasser aufgießen. Kräuter, Lorbeerblätter, Pfefferkörner, Nelken, Wacholderbeeren, Wermut und Zitronensaft zugeben. Bei mittlerer Hitze langsam zum Kochen bringen. Etwa 20 Minuten offen leise köcheln lassen, dabei die Oberfläche immer wieder mit einem Schaumlöffel abschäumen. Die Brühe anschließend ohne Druck durch ein mit einem Tuch ausgelegtes Sieb seihen. Abkühlen lassen, in ein passendes Gefäß umfüllen und im Kühlschrank vollständig erkalten lassen.

Dieses Rezept ergibt etwa 1 1/2 Liter Fischfond. Sie können ihn entweder sofort für eine Suppe verwenden oder portionsweise für Fischgerichte einfrieren. Besonders praktisch ist es, ihn in Eiswürfelbehälter zu füllen. So können Sie bei Bedarf 1–5 Eiswürfel für eine herzustellende Fischsauce o. Ä. verwenden.

Aalsuppe nach Hamburger Art

*2 l Fleischbrühe (Instant),
1 Bund Suppengemüse (bestehend aus Lauch, Sellerie bzw. Petersilienwurzel und Möhre),
1 Bund gemischte Kräuter (Dill, Salbei, Petersilie, Majoran, Thymian),
250 g Backobst,
2 Möhren,
250 g Sellerie,
1 Stange Lauch,
500 g gehäuteter filetierter Aal,
1 EL Weißweinessig,
1 EL Johannisbeergelee,
Salz,
frisch gemahlener Pfeffer,
1 Prise Zucker,
2 kleine mürbe Äpfel,
150 g entsteinte Kurpflaumen*

In einem Topf die Fleischbrühe zum Kochen bringen. Inzwischen das Suppengemüse putzen und in kleinere Stücke schneiden. Die Kräuter abbrausen und die Hälfte davon beiseitelegen. Die andere Hälfte trockentupfen, die Blättchen abzupfen und fein hacken. Vorbereitetes Gemüse, Kräuterstängel und Backobst in die Brühe einlegen. Den Topfinhalt erneut zum Kochen bringen und bei mittlerer Hitze etwa 40 Minuten sieden lassen.
Möhren und Sellerie schälen bzw. putzen und in feine Streifen schneiden. Lauch längs durchschneiden, zwischen den Blattschichten abbrausen und quer in feine Streifen schneiden. Die Aalfilets abbrausen, trockentupfen und in etwa 4 Zentimeter lange Stücke schneiden.
Die Brühe durch ein Haarsieb seihen, zurück in den Topf gießen und erneut zum Kochen bringen. Mit Essig, Johannisbeergelee, Salz, Pfeffer und Zucker würzen und die Hitze reduzieren.
Die Aalstücke sowie die Gemüsestreifen in die Brühe legen und bei geringer Hitze im offenen Topf in 20 Minuten gar ziehen lassen. Äpfel schälen, vierteln, vom Kerngehäuse befreien und in dünne Spalten schneiden. Nach 10 Minuten mit den Kurpflaumen hinzufügen. Die Aalsuppe kurz vor dem Servieren nochmals abschmecken und die gehackten gemischten Kräuter einrühren.

Traditionell gehören zusätzlich Schwemmklößchen in die Suppe. Dazu 300 Milliliter Wasser mit 100 Gramm Butter, Salz und 1 Prise frisch geriebener Muskatnuss aufkochen. Unter kräftigem Rühren 100 Gramm Mehl in die kochende Flüssigkeit einstreuen. So lange rühren, bis sich am Topfboden ein Teigkloß gebildet hat. Vom Herd ziehen und den Teig kurz abkühlen lassen. Nacheinander 3 Eier (Größe M) unterrühren; danach soll ein glatter Teig entstanden sein. Davon mit 2 befeuchteten Teelöffeln Klößchen abstechen und diese in siedend heißem Salzwasser in etwa 10 Minuten gar ziehen lassen.

Kartoffelsuppe mit Lachs

1 kleine Zwiebel,
1/2 Bund Suppengemüse (bestehend aus Möhre, Sellerie bzw. Petersilienwurzel und Lauch),
500 g Kartoffeln,
3 EL Butter,
2 l Hühnerbrühe (Instant),
250 g mild geräucherter Lachs,
Saft von 1/2 Zitrone,
Salz,
frisch gemahlener Pfeffer,
1/2 Bund gemischte Kräuter (Dill, Petersilie),
100 ml Sahne

Die Zwiebel schälen und klein würfeln. Das Suppengemüse schälen bzw. putzen und in kleine Stücke schneiden. Die Kartoffeln schälen, waschen und in gleichmäßig kleine Stücke schneiden.
In einem breiten Topf 2 Esslöffel Butter erhitzen und darin die Zwiebelwürfel andünsten. Suppengemüse- und Kartoffelstücke hinzufügen und unter Rühren 1 Minute mitdünsten. Mit der Hühnerbrühe aufgießen. Das Gemüse in etwa 20 Minuten garen. Die Suppe im Mixer oder mit dem Pürierstab pürieren und anschließend durch ein Sieb streichen.
Den Lachs schräg in etwa 2 Zentimeter große Stücke schneiden, mit Zitronensaft beträufeln und mit Salz und Pfeffer würzen. Die restliche Butter in einer Pfanne erhitzen und darin die Lachsstreifen 3–4 Minuten schwenken. Kräuter abbrausen und trockentupfen, die Blättchen abzupfen und klein hacken.
Die Suppe erneut zum Kochen bringen und mit der Sahne verfeinern. Kurz vor dem Servieren den Lachs und die Kräuter in die Suppe einrühren. Nochmals abschmecken und servieren.

Statt des Lachses können Sie auch 500 Gramm Nordseekrabben verwenden. Dazu die gepulten Krabben abbrausen und trockentupfen. Die Schalen ebenfalls abbrausen, kurz abtropfen lassen und mit der Hühnerbrühe zum Kochen aufstellen. Nach dem ersten Aufkochen die Hitze reduzieren und 10 Minuten leise köcheln lassen. Diesen Fond durch ein Sieb seihen und als Grundlage für die Suppe verwenden. Diese wie beschrieben fertigstellen.

frischer Lachs
tut's auch!

250 g getrocknete grüne Erbsen,
1 kleine Zwiebel,
2 Knoblauchzehen,
2 Frühlingszwiebeln,
100 g Knollensellerie,
2 kleine Kartoffeln,
1 EL Butter oder Butterschmalz,
1 1/2 l Fleischbrühe (Instant),
1 Lorbeerblatt,
150 g Seezungenfilet,
150 g Lachsfilet,
100 g gepulte Nordseekrabben,
Saft von 1/2 Zitrone,
Salz,
frisch gemahlener Pfeffer,
200 ml Sahne,
edelsüßes und rosenscharfes Paprikapulver

Erbsensuppe mit zweierlei Fisch

Die Erbsen mit Wasser bedecken und etwa 8 Stunden einweichen lassen. Danach in ein Sieb gießen, mehrmals mit kaltem Wasser spülen und abtropfen lassen. Zwiebel und Knoblauch schälen und fein würfeln. Frühlingszwiebeln putzen und in kleine Würfel schneiden. Sellerie und Kartoffeln schälen und ebenfalls klein würfeln.
In einem Topf Butter oder Schmalz erhitzen und darin Zwiebel, Knoblauch, Frühlingszwiebeln und Sellerie 1 Minute andünsten. Erbsen und Kartoffeln unterrühren und kurz mitdünsten. Fleischbrühe angießen, Lorbeerblatt einlegen und aufkochen lassen. Die Hitze reduzieren und das Gemüse knapp 40 Minuten kochen.
Inzwischen Fischfilets und Krabben abbrausen und trockentupfen. Die Fischfilets schräg in etwa 2 Zentimeter große Stücke schneiden, mit Zitronensaft beträufeln und mit Salz und Pfeffer würzen. Das Lorbeerblatt aus der Suppe entfernen und diese mit dem Pürierstab pürieren. Mit Sahne verfeinern und nochmals abschmecken. Fischfilets und Krabben einlegen und darin etwa 4 Minuten ziehen lassen. In vorgewärmte Teller verteilen und mit Paprikapulver bestäuben.

Sie können anstelle der getrockneten Erbsen auch 400 Gramm Erbsen aus dem Glas oder TK-Erbsen verwenden.

Altdeutsche Petersiliensuppe mit Flusskrebsen und Schollenfilet

500 g frisch gekochte Flusskrebse mit Schalen (oder TK),
250 g Schollenfilets,
Saft von 1/2 Zitrone,
Salz,
frisch gemahlener Pfeffer,
1/2 Bund Suppengemüse (bestehend aus Möhren, Sellerie oder Petersilienwurzel und Lauch),
1 kleine Zwiebel,
250 g Kartoffeln,
5 Stängel Dill,
2 l Hühnerbrühe (Instant),
5 weiße Pfefferkörner,
100 ml trockener Weißwein,
1/2 Bund Petersilie,
100 ml Sahne,
1 Eigelb (Größe M),
50 g zerlassene Butter

Die Schwänze der Flusskrebse ausbrechen, den Darm herausziehen und, wenn die Scheren groß genug sind, auch deren Fleisch auslösen. Die Schalen abbrausen und in einem Sieb abtropfen lassen. Die Schollenfilets abbrausen und trockentupfen. In schmale Streifen schneiden, mit Zitronensaft beträufeln und mit Salz und Pfeffer würzen. Das Suppengemüse putzen und in kleine Stücke schneiden. Die Zwiebel ungeschält vierteln. Die Kartoffeln schälen, waschen und in gleichmäßige, kleine Stücke schneiden. Den Dill abbrausen und die Spitzen abzupfen.

Die Hühnerbrühe zum Kochen bringen und nach dem ersten Aufkochen Flusskrebsschalen, Suppengemüse, Zwiebel, Kartoffeln, Dill, Pfefferkörner und Weißwein einrühren. Die Suppe etwa 20 Minuten leise kochen lassen.

Inzwischen die Petersilie abbrausen und trockentupfen, die Blättchen abzupfen und fein hacken. Die Suppe durch ein Sieb gießen und die festen Bestandteile durchstreichen. Erneut zum Kochen bringen und mit der Sahne verfeinern. Nach Bedarf mit Salz und Pfeffer abschmecken.

Das Eigelb mit Butter und Petersilie verrühren. Den Topf vom Herd ziehen und die Petersiliencreme unter heftigem Schlagen unter die Suppe mischen; danach darf die Suppe nicht mehr kochen! Die Fischstreifen einlegen und darin einige Minuten ziehen lassen. Erst dann das Flusskrebsfleisch in 1–2 Minuten darin erwärmen.

Obwohl dieses Rezept durch das Auskochen der Schalen ganz besonders gut schmeckt, geht es folgendermaßen ein wenig schneller: Gemüse und Kartoffeln in der Hühnerbrühe garen, alles mit dem Pürierstab pürieren und die Suppe durch ein Sieb streichen. Abschmecken und die Suppe wie im Rezept angegeben fertigstellen. In alten Kochbüchern ist beschrieben, wie man diese Suppe mit lebenden Flusskrebsen herstellt. Jedoch sind Flusskrebse inzwischen bei uns Mangelware geworden. Die angebotenen stammen meistens aus Skandinavien oder der Türkei und sind ausgelöst im Kühlregal und ungeschält in der Tiefkühltruhe zu finden.

Sie können die Suppe auch nur mit Schollenfilets servieren.

Griechische Stockfischsuppe

*1 kg Stockfisch,
1 Zwiebel,
2 Knoblauchzehen,
4 Fleischtomaten,
2 Fenchelknollen,
100 ml extra natives Olivenöl,
Salz,
frisch gemahlener schwarzer Pfeffer,
1 Bund Petersilie*

Den Stockfisch etwa 12 Stunden lang in reichlich kaltem Wasser einweichen, dabei das Wasser mehrfach erneuern. Anschließend den Fisch häuten, entgräten und in Stückchen teilen.
Zwiebel und Knoblauch schälen, die Tomaten überbrühen, häuten, von Stielansatz und Kernen befreien, die Fenchelknollen putzen, alles fein würfeln.
4 Esslöffel Olivenöl in einem großen Topf leicht erhitzen und das Gemüse darin anschwitzen. Den Stockfisch dazugeben und etwa 2 Liter Wasser angießen. Aufkochen, dann 30 Minuten bei geringer Hitze köcheln lassen.
Die Suppe mit Salz und Pfeffer würzen. Die Petersilie waschen und trockentupfen, die Blättchen abzupfen, fein hacken und über die Suppe streuen. Mit dem restlichen Olivenöl beträufeln.

Bouillabaisse mit Rouille und Aïoli

Für die Suppe:
*Etwa 2 kg küchenfertige kleinere Fische (vorzugsweise aus dem Mittelmeer: z. B. Merlan, Meerbarbe, Drachenkopf, Petermännchen, Knurrhahn),
2 Zwiebeln,
5 Knoblauchzehen,
1 Stange Lauch,
2 Fleischtomaten,
2 Stängel Thymian,*

Die Fische abbrausen und trockentupfen. Köpfe abschneiden und die Fische quer in etwa 3 Zentimeter breite Stücke schneiden. Zwiebeln und Knoblauch schälen und fein würfeln. Lauch putzen, längs durchschneiden, zwischen den Blattschichten abbrausen und quer in Streifen schneiden. Tomaten blanchieren, kalt abschrecken, häuten, von Stielansatz und Kernen befreien und das Fruchtfleisch würfeln. Thymian abbrausen und trockentupfen. Kartoffeln schälen, waschen und je nach Größe halbieren oder vierteln.
Das Olivenöl in einem breiten Topf erhitzen und darin Zwiebel, Knoblauch, Lauch, Tomaten und Kartoffeln unter Rühren anbraten. Mit Salz, Pfeffer und Safran würzen, mit Pastis ablöschen. Die Fischstücke darauflegen und mit so viel kaltem Wasser aufgießen,

dass alles bedeckt ist. Thymianzweige, Lorbeerblätter, Fenchelsamen und Orangenschale einlegen. Nach dem ersten Aufkochen die Hitze reduzieren und den Topfinhalt weitere 20 Minuten leise köcheln lassen.

Für die Rouille Paprika- und Chilischoten halbieren und von Stielansatz, Samen sowie Scheidewänden befreien. Paprika in kochendem Wasser 1–2 Minuten blanchieren. Häuten und in grobe Würfel schneiden. Chilischoten fein würfeln. Knoblauch schälen und grob zerkleinern. Paprika-, Chilischoten und Knoblauch mit Salz und Safran zu einem homogenen Brei zermahlen. Die gepellte Kartoffel zugeben und unterarbeiten. Die Mischung in eine größere Schüssel umfüllen und mit dem Eigelb verrühren. Das Öl erst tropfenweise, dann im dünnen Strahl unterschlagen, bis die Sauce eine mayonnaisenähnliche Konsistenz hat.

Für die Aïoli das Brötchen klein schneiden, mit der Milch beträufeln, kurz ziehen lassen und mit einer Gabel zerdrücken. Knoblauch schälen und durch eine Presse dazudrücken. Mit dem Handrührer Eigelbe einrühren und das Öl erst tropfenweise, dann im dünnen Strahl unterschlagen, bis eine cremige Mayonnaise entstanden ist. Mit Salz, Pfeffer und Zitronensaft würzen.

Vor dem Servieren 1–2 geröstete Weißbrotscheiben in tiefe Teller legen und die Suppe darüber einfüllen. Rouille und Aïoli in Schälchen separat dazu reichen.

der Aufwand lohnt sich!

500 g Kartoffeln,
4 EL Olivenöl,
Salz,
frisch gemahlener Pfeffer,
1–2 Döschen Safranfäden (à 0,1 g),
1 EL Pastis (französischer Anislikör),
2 Lorbeerblätter,
1/2 TL Fenchelsamen,
Schale von 1/4 unbehandelter Orange

Für die Rouille:
1 kleine rote Paprikaschote,
2 kleine Chilischoten,
5–6 Knoblauchzehen,
1/2 TL Meersalz,
1 Döschen Safranfäden (0,1 g),
1 weich gegarte mehligkochende Kartoffel,
1 Eigelb,
150 ml mildes extra natives Olivenöl

Für die Aïoli:
1 Brötchen vom Vortag,
6 EL lauwarme Milch,
4 Knoblauchzehen,
2 frische Eigelb,
1/4 l mildes extra natives Olivenöl,
Salz,
frisch gemahlener schwarzer Pfeffer,
1 EL Zitronensaft

Außerdem:
ca. 4–8 geröstete Weißbrotscheiben

Mediterrane Fischsuppe

250 g Fischfilets (z.B. Meerbrasse, Meerbarbe), 2 geschälte Riesengarnelen, Saft von 1/2 Zitrone, Salz, frisch gemahlener Pfeffer, 1 Zwiebel, 2 Knoblauchzehen, 1/2 Fenchelknolle, 1 rote Paprikaschote, 2 Fleischtomaten, 3 EL Olivenöl, 1–2 Döschen Safranfäden (à 0,1 g), 2 EL Sherry Fino, 1 l Fischfond (nach Grundrezept S. 49 oder Fertigprodukt)

Die Fischfilets abbrausen, trockentupfen und schräg in schmale Streifen schneiden. Die Riesengarnelen entlang dem Rücken halbieren, abbrausen und dabei vom Darm befreien. Fischstreifen und Garnelenhälften mit Zitronensaft beträufeln, salzen und pfeffern. Zwiebel und Knoblauch schälen und fein würfeln. Fenchelknolle putzen, vom Strunk befreien und in Streifen schneiden. Paprikaschote von Stielansatz, Samen sowie Scheidewänden befreien und in schmale Streifen schneiden. Tomaten blanchieren, kalt abschrecken, häuten, von Stielansatz und Kernen befreien und klein würfeln.
In einem breiten Topf das Olivenöl erhitzen und darin die Zwiebel- und Knoblauchwürfel anschwitzen. Unter ständigem Rühren Fenchel, Paprika und Tomaten hinzufügen. Alles mit Salz, Pfeffer und Safran würzen und mit Sherry ablöschen. Den Fischfond angießen und einmal aufkochen. Die Hitze reduzieren und die Suppe etwa 10 Minuten leise köcheln lassen. Nochmals abschmecken. Fischstreifen und Riesengarnelen einlegen und 3–4 Minuten darin ziehen lassen.

Sie können die Suppe auch mit Heilbutt, Rotbarschfilet oder Kabeljau zubereiten. Servieren Sie reichlich Brot zum Dippen dazu.

Kali órexi

Kretische Fischsuppe

1,5 kg große Fische, küchenfertig vorbereitet (z.B. Kabeljau, Meerbrasse, Meerbarbe, Steinbutt), 500 g kleine Fische (z.B. Sardinen, Sardellen, Ährenfische), 2 Tomaten, 2 Zwiebeln, 1 Bund Petersilie, 1/2 Selleriestaude, 2 Lorbeerblätter

Die Fische waschen, bei Bedarf schuppen und in Stücke schneiden; Köpfe und Flossen dabei entfernen. Tomaten waschen und halbieren, Zwiebeln schälen und ebenfalls halbieren, Petersilie waschen, Sellerie putzen und in grobe Stücke schneiden.
Gut 1 Liter Wasser zusammen mit Tomaten, Zwiebeln, Petersilie, Sellerie, Lorbeer und dem Olivenöl in einem großen Topf zum Kochen bringen. Mit Salz und Pfeffer würzen und etwa 20 Minuten köcheln lassen.
Die kleinen Fische dazugeben und 15 Minuten mitgaren; danach sollten sie weich sein oder bereits zerfallen. Alles durch ein Sieb gießen und gründlich ausdrücken.

Den Fischsud wieder aufkochen lassen. Die großen Fischstücke dazugeben und darin 10–15 Minuten bei geringer Hitze gar ziehen lassen. Zuletzt den Zitronensaft unterrühren und alles mit Salz und Pfeffer abschmecken.

Oft kommt Gemüse mit in die Fischsuppe, etwa Kartoffeln, Zucchini und Möhren. Alles in Scheiben oder Stücke schneiden und in der durchgeseihten Fischbrühe 20 Minuten lang garen, bevor die großen Fischstücke dazukommen. Man kann die Suppe statt mit Zitronensaft auch mit Öl-Zitronen-Sauce (Rezept S. 77) servieren.

4 EL extra natives Olivenöl,
Salz,
frisch gemahlener schwarzer Pfeffer,
Saft von 2 Zitronen

Gazpacho mit gebratener Rotbrasse

Für die Suppe:
4 Fleischtomaten,
200 g Salatgurke,
1 kleine rote Paprikaschote,
1 kleine Zwiebel,
2 Knoblauchzehen,
2 Stängel Basilikum,
1 Stängel Thymian,
5 EL Rotweinessig,
8 EL Olivenöl,
1/4 l kalte Fleischbrühe,
Salz,
frisch gemahlener Pfeffer

Für die Einlage:
250 g Rotbrassenfilet ohne Haut (oder Fischfilet nach Wahl),
1 TL Zitronensaft,
Salz,
frisch gemahlener Pfeffer

Außerdem:
Olivenöl zum Braten,
1 EL frisch gehackte gemischte Kräuter zum Bestreuen

Für die Suppe Tomaten vom Stielansatz befreien und klein schneiden. Gurke schälen, entkernen und in kleine Würfel schneiden. Paprikaschote von Stielansatz, Samen sowie Scheidewänden befreien und klein würfeln. Zwiebel und Knoblauch schälen und ebenfalls fein würfeln. Basilikum und Thymian abbrausen, trockentupfen und die Blättchen abzupfen. Alle vorbereiteten Zutaten mit Essig, Öl und Brühe im Mixer oder mit dem Pürierstab grob pürieren. Mit Salz und Pfeffer würzen. Mit Folie abdecken und für etwa 2 Stunden in den Kühlschrank stellen.
Für die Einlage die Fischfilets abbrausen, trockentupfen und in mundgerechte Stücke schneiden. Mit Zitronensaft beträufeln, salzen und pfeffern. Öl in einer Pfanne erhitzen und darin die Fischstücke rundherum 1–2 Minuten braten. Die kalte Gemüsesuppe in Suppenschalen verteilen und die Fischstücke noch heiß einlegen. Mit Kräutern bestreuen und sofort servieren.

Klare Brühe mit Hechtklößchen

500 g Hechtfilet,
300 ml Sahne,
2 Eiweiß (Größe M),
Salz,
frisch gemahlener weißer Pfeffer,
1 TL Zitronensaft,
1 Spritzer Wermut (Noilly Prat),
1 l Fischfond (nach Grundrezept S. 49 oder Fertigprodukt),
2 EL Schnittlauchröllchen

Das Hechtfilet ggf. von den letzten Gräten befreien, abbrausen und trockentupfen. In grobe Stücke schneiden und mit etwa einem Drittel der Sahne im Mixer oder mit dem Pürierstab fein pürieren. Das Fischmus für 20 Minuten in den Gefrierschrank stellen.
Die Schüssel mit dem Fischmus auf eine passende Schüssel mit Eiswürfeln setzen. Mit einem Holzlöffel die restliche Sahne und die Eiweiße unterrühren, bis eine homogene Masse entstanden ist. Mit Salz, Pfeffer, Zitronensaft und Wermut würzen. Mit Klarsichtfolie abdecken und bis zur Weiterverarbeitung in den Kühlschrank stellen.
Einen Topf mit reichlich Salzwasser zum Kochen aufsetzen. Mit Hilfe von 2 Esslöffeln, die nach jedem Vorgang kalt abgespült werden, Klößchen von dem Fischmus abstechen und auf Pergamentpapier setzen, bis alle fertig sind. Die Klößchen gleichzeitig in das siedende Salzwasser gleiten und bei geringer Hitze in 15–20 Minuten gar ziehen lassen. Das Wasser muss dabei immer kurz vor dem Siedepunkt gehalten werden, es darf aber nicht kochen! Den Fischfond aufkochen und nach Bedarf mit Salz und Pfeffer würzen. Die gegarten Hechtklößchen auf Suppenteller verteilen, mit Brühe übergießen, mit Schnittlauch bestreuen und servieren.

Ganz besonders fein werden die Hechtklößchen, wenn man das Fischfilet durch die feine Scheibe des Fleischwolfs dreht und anschließend durch ein feines Sieb streicht. Wichtig ist, dass die weiteren Arbeitsschritte wie oben beschrieben über einer Schüssel mit Eis ausgeführt werden.

Dazu passen ein trockener Weißwein und knuspriges Baguette oder Weißbrot.

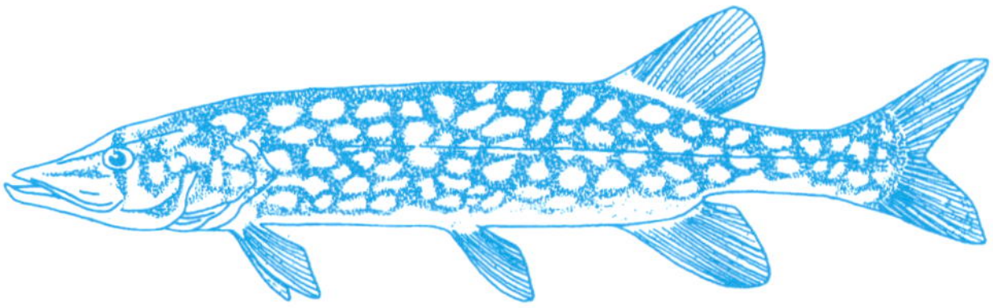

2 geräucherte Forellen,
1/2 l Fischfond (nach Grundrezept S.49 oder Fertigprodukt),
2 Schalotten,
5 Stängel Dill,
2 EL Butter,
1 TL Mehl,
100 ml trockener Weißwein,
200 ml Sahne,
Salz,
frisch gemahlener Pfeffer,
1 EL Zitronensaft,
1 Msp. Safranfäden

Forellencremesuppe

Die Forellen filetieren und die Filets schräg in etwa 2 Zentimeter breite Streifen schneiden. In einem Topf den Fischfond zum Kochen bringen. Forellenköpfe und -häute einlegen und bei geringer Hitze 10 Minuten ziehen lassen. Danach den Fischfond durch ein Haarsieb seihen. Inzwischen die Schalotten schälen und fein würfeln. Den Dill abbrausen und trockentupfen, die Spitzen abzupfen und fein hacken.
Die Butter in einem Topf erhitzen und darin die Schalottenwürfel 1 Minute anschwitzen. Unter ständigem Rühren das Mehl darübersieben, glatt rühren und den Fischfond angießen. Kurz kochen lassen und dann Wein und Sahne zugeben. Mit Salz, Pfeffer, Zitronensaft und Safran würzen. Die Suppe durch ein Sieb passieren und nochmals abschmecken. Die Forellenstücke sowie den Dill einrühren und sofort servieren.

Der Fischfond bekommt durch die Forellenköpfe und -häute einen besonders aromatischen Geschmack. Sie können aber auch nach Belieben oder Bedarf nur geräucherte Forellenfilets in der Suppe 1 Minute erwärmen. Auch andere geräucherte Fische wie Makrelen oder Schillerlocken eignen sich für diese Cremesuppe.

1–2 Forellenkarkassen,
1 kleine Zwiebel,
5 Stängel Dill,
1/4 l trockener Weißwein,
Salz,
5 weiße Pfefferkörner,
250 g küchenfertige Forellenfilets,
Salz,
frisch gemahlener weißer Pfeffer,
200 ml Sahne,
1 TL Zitronensaft,
1 Prise Cayennepfeffer,
1 TL Pernod,
1 EL frisch gehackte Petersilie

Dillcremesuppe mit Forellenknödeln

Die Forellenkarkassen in kaltem Wasser so lange wässern und wieder abgießen, bis das Wasser klar bleibt. Zwiebel schälen und in Streifen schneiden. Dill abbrausen und trockentupfen, die Spitzen kleiner zupfen.

In einem Topf 1/2 Liter Wasser mit Wein, Salz, Pfefferkörnern, Zwiebelstreifen und Dill aufkochen. Die tropfnassen Forellenkarkassen einlegen und alles bei geringer Hitze etwa 20 Minuten leise köcheln lassen.

Inzwischen die Forellenfilets abbrausen, trockentupfen und in kleine Stücke schneiden. Mit Salz und Pfeffer würzen und im Mixer oder mit dem Pürierstab unter langsamem Zugießen der Sahne pürieren. Mit Zitronensaft, Cayennepfeffer und Pernod würzen. Die Masse mit Folie abdecken und bis zum Gebrauch in den Kühlschrank stellen.

Den Fischfond vom Herd nehmen und etwa 20 Minuten ziehen lassen. Danach durch ein Haarsieb seihen. Aufkochen und danach die Hitze reduzieren. Mit kalt abgebrausten Händen kleine Knödel aus dem Forellenteig formen. Diese in die siedende, nicht kochende (!) Fischbrühe gleiten und in 5–8 Minuten gar ziehen lassen. Die fertigen Forellenknödel auf tiefe Teller verteilen und mit der Brühe übergießen. Mit Petersilie bestreuen und servieren.

Als zusätzliche Einlage feine Gemüsejuliennes (Streifen) von Lauch, Möhre und Zucchini verwenden.

Buttermilchsuppe mit Zanderfilets

400 g Zanderfilets,
Saft von 1/2 Zitrone,
Salz,
frisch gemahlener Pfeffer,
1 kleine Zwiebel,
1 kleine Möhre,
200 g Zucchini,
1/2 Stange Lauch,
5 Stängel Dill,
1 EL Butter,
1/2 l Fischfond (nach Grundrezept S. 49 oder Fertigprodukt),
1/4 l Buttermilch

Die Zanderfilets abbrausen und trockentupfen. Schräg in 2 Zentimeter breite Stücke schneiden und mit Zitronensaft beträufeln. Mit Salz und Pfeffer würzen. Zwiebel schälen und fein würfeln. Möhre und Zucchini schälen bzw. putzen und beides in streichholzgroße Stifte schneiden. Lauch längs halbieren, zwischen den Blattschichten abbrausen und quer in feine Streifen schneiden. Dill abbrausen, trockentupfen, die Spitzen abzupfen und fein hacken.
Die Butter in einem Topf erhitzen und darin die Zwiebelwürfel andünsten. Den Fischfond angießen und aufkochen. Dann die Hitze reduzieren und die Fischfilets einlegen. Etwa 3 Minuten garen, mit einem Schaumlöffel herausnehmen und auf einen Teller legen. Mit Alufolie abdecken. Den Fischfond etwa 10 Minuten einkochen lassen und dann die Buttermilch angießen. Die Suppe mit einem Pürierstab im Topf kräftig durchmixen. Mit Salz und Pfeffer würzen. Gemüsestreifen einlegen und 3–4 Minuten garen. Die Suppe nochmals abschmecken und die Fischfilets 1–2 Minuten zum Erwärmen einlegen. Mit Dill garnieren und servieren.

Sie können dafür auch andere Fischfilets, z. B. Rotbarsch, Seelachs, Lachs oder Lachsforelle verwenden. Der säuerliche Geschmack der Buttermilch harmoniert wunderbar mit dem Fisch. Die Suppe ist von der Menge her nicht zu üppig, Gemüse und Fischfilets sollen die Hauptdarsteller sein.

Stimmt!

Hauptgerichte

Wenn Gäste kommen, eignet sich Fisch als Hauptdarsteller eines Menüs besonders gut. Fällt Ihre Wahl z. B. auf Goldbrasse/Dorade in der Salzkruste, sollte schon eine größere Runde um den Tisch sitzen. Und der Beifall ist Ihnen gewiss. Auch ein großes Blech mit Fischpizza oder Maischolle Finkenwerder Art kommen immer gut an. Die Bandbreite der Möglichkeiten reicht von der Zubereitung von Fischen im Ganzen bis zu unkomplizierten Gerichten mit Fischfilet, die Sie schnell auf den Tisch zaubern können. Nebendarsteller können dabei Gemüse, Nudeln und Reis sein. Unter den Rezepten sind Klassiker wie Forelle Müllerin Art, Kabeljau mit Senf-Sahne-Sauce und Gebratene Eglifilets mit Petersilienkruste, aber auch Urlaubserinnerungen wie Schwedischer Fischauflauf, Paella mit Red Snapper oder Fischcurry sind dabei. Die Vielfalt der Anregungen lässt Sie sicher zum Fischkoch/zur Fischköchin werden.

Grüner Aal auf Spreewälder Art

Den Aal abbrausen und trockentupfen. In etwa 4 gleich große Stücke schneiden, mit Zitronensaft beträufeln und mit Salz und Pfeffer würzen. Die Zwiebeln schälen, eine davon vierteln und die andere fein hacken. In einem Topf 1/2 Liter Wasser mit Wein, Zwiebelvierteln, Zitronenschale und Lorbeerblättern aufkochen. Die Aalstücke einlegen und darin bei mittlerer Hitze in etwa 15 Minuten gar ziehen lassen.
Inzwischen die Kräuter abbrausen und trockentupfen, die Blättchen bzw. Spitzen abzupfen und fein hacken. Mit der Butter verrühren. In einem Topf die Kräuterbutter heiß schäumend erhitzen und darin die Zwiebelwürfel anschwitzen. Mit Sahne angießen und kurz aufkochen lassen. Die Salz und Pfeffer würzen und bei geringer Hitze ziehen lassen. Die Aalstücke mit einem Schaumlöffel aus dem Kochsud heben und auf Teller verteilen. Die Kräutersauce mit einigen Löffeln Aalsud verrühren und die Fischstücke damit löffelweise überziehen.

800 g küchenfertiger Aal ohne Haut,
Saft und Schale von 1/2 Zitrone,
Salz,
frisch gemahlener Pfeffer,
2 Zwiebeln,
1/4 l trockener Weißwein,
2 Lorbeerblatter,
1 Bund gemischte Kräuter (Kerbel, Petersilie, Dill),
50 g weiche Butter,
200 ml Sahne

Dazu passen Gurken- und Kartoffelsalat.

Pfannfisch mit Bückling

Die Bücklinge häuten und die Filets herauslösen. Diese quer in mundgerechte Stücke schneiden. Die Petersilie abbrausen und trockentupfen, die Blättchen abzupfen und fein hacken. Mit dem elektrischen Handrührer aus Mehl, Eiern, Salz und Milch einen dickflüssigen Pfannkuchenteig herstellen. Die Hälfte der Petersilie unterziehen.
In einer kleinen Pfanne Butter erhitzen und nacheinander 4 Pfannkuchen backen. Dazu jeweils ein Viertel des Teigs in die Pfanne gießen, die Bücklingstücke einstreuen, kurz mitbacken lassen und wenden. Je 1 Pfannkuchen auf einen Teller geben und mit der restlichen Petersilie bestreuen.

3 Bücklinge,
1/2 Bund Petersilie,
150 g Mehl,
3 Eier (Größe M),
Salz,
1/4 l Milch,
50 g Butter

Auch geräucherte Forellenfilets, Sprotten oder Schillerlocken können Sie auf diese Weise zubereiten.

Labskaus

2 Zwiebeln,
1 Dose Corned Beef (etwa 250 g),
750 g Kartoffeln,
4 Gewürzgurken samt ca. 50 ml Sud,
2 EL Butter,
Salz,
frisch gemahlener Pfeffer,
1/4 l Fisch- oder Gemüsefond (Glas),
1 Lorbeerblatt,
250 g Rote Bete (Glas) samt etwas Einlegesaft,
1 Prise Zucker,
1 TL scharfer Senf,
100 ml Sahne,
1 EL gehackter Dill,
4 Matjesfilets

Labskaus war ein typisches Seemannsgericht, dessen englischer Namensursprung leider nicht geklärt ist. Es ist jedoch sicher, dass Labskaus einst ein quasi überlebensnotwendiges Essen für Matrosen war, die durch Skorbut ihre Zähne verloren hatten.

Die Zwiebeln schälen und klein würfeln. Corned Beef in kleine Stücke schneiden. Kartoffeln schälen, waschen und 1 Zentimeter groß würfeln. Gurken längs vierteln und quer in Stücke schneiden. In einer größeren Pfanne mit hohem Rand die Butter heiß schäumend erhitzen. Zwiebeln und Corned Beef darin anschwitzen. Kartoffeln hinzufügen und alles bei mittlerer Hitze einige Minuten braten, salzen und pfeffern. Fond angießen und das Lorbeerblatt einlegen. Sobald der Pfanneninhalt kocht, die Hitze reduzieren. Rote Bete mit etwas Sud und Zucker einrühren. Alles bei mittlerer Hitze etwa 20 Minuten garen. Senf und Sahne verrühren und zuletzt einrühren. Den Dill hinzufügen, nochmals abschmecken. Nach Belieben das Labskaus mit einem Pürierstab kurz durchrühren; danach sollte es eine breiartige Konsistenz haben. Das Labskaus in Suppenschalen verteilen. Die Matjesfilets mit Küchenpapier trockentupfen und schräg in dünne Streifen schneiden. 1 Matjesfilet auf jeder Portion anrichten.

Anstelle von Matjes können Sie das Gericht auch mit 1 Bismarckhering und 1 Spiegelei anrichten.

Kabeljau mit Senf-Sahne-Sauce

2 EL Butter,
4 Scheiben Kabeljau (à ca. 200 g),
Saft von 1/2 Zitrone,
Salz,
frisch gemahlener Pfeffer,
1/8 l trockener Weißwein,
1 TL mittelscharfer Senf,

Den Backofen auf 180 °C (Umluft 160 °C, Gas Stufe 2) vorheizen. Eine Auflaufform mit der Hälfte der Butter einfetten. Die Fischscheiben abbrausen und trockentupfen. Mit Zitronensaft beträufeln und mit Salz und Pfeffer würzen. Nebeneinander in die Auflaufform legen, mit Wein beträufeln und mit der restlichen Butter in Flöckchen belegen. Die Form mit Alufolie verschließen und in den vorgeheizten Ofen (mittlere Schiene) schieben. Den Fisch in etwa 20 Minuten garen.

1 TL Kräutersenf,
200 ml Sahne,
50 g Kräuter-Crème-fraîche

Kurz vor dem Servieren die beiden Senfsorten mit Sahne verrühren und in einem Topf aufkochen lassen. Kräuter-Crème-fraîche einrühren, salzen und pfeffern. Die Form aus dem Backofen nehmen und die Fischscheiben auf Teller verteilen. Den Fischsud durch ein Haarsieb seihen und ein paar Esslöffel davon unter die Senfsauce schlagen. Die Fischscheiben damit überziehen.

Zu diesem köstlichen Fischgericht passen Petersilienkartoffeln oder ein feines Möhrenpüree. Frieren Sie die restliche Fischbrühe für die nächste Fischsauce ein.

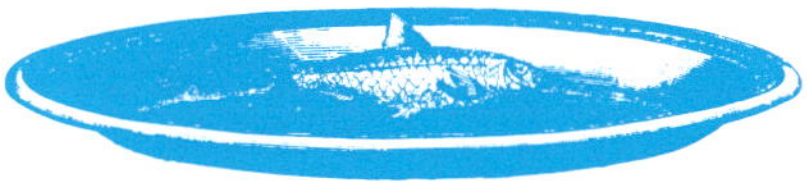

Fischburger

→ viel besser als gekauft!

800 g Kabeljau-, Heilbutt- und Seehechtfilets,
2 Zwiebeln,
1/2 Bund Petersilie,
50 g Kartoffelstärke,
100 ml kalter Fisch- oder Gemüsefond (Glas),
Salz,
frisch gemahlener Pfeffer,
frisch geriebene Muskatnuss,
etwa 100 g Semmelbrösel,
5 EL Pflanzenöl,
1 EL Butter,
2 große Salatblätter,
1 Gewürzgurke,
4–6 mit Sesam bestreute Hamburgerbrötchen,
Remoulade (Rezept S. 66)

Die Fischfilets abbrausen, trockentupfen und klein schneiden. Zwiebeln schälen und klein würfeln. Petersilie abbrausen und trockentupfen, die Blättchen abzupfen und fein hacken. Fischstücke mit Zwiebeln und Petersilie, Kartoffelstärke und Fond im Mixer oder mit dem Pürierstab mittelfein pürieren. Mit Salz, Pfeffer und Muskat würzen. Den Fischteig mit Folie abdecken und für etwa 30 Minuten in den Kühlschrank stellen. Danach aus dem Fischteig mit befeuchteten Händen 4–6 Frikadellen formen und diese in den Semmelbröseln wenden.

In einer größeren Pfanne 2 Esslöffel Öl erhitzen und darin die Fischfrikadellen auf beiden Seiten knusprig anbraten. Hitze reduzieren, die Butter zufügen und die Frikadellen in etwa 8–10 Minuten fertig braten. Inzwischen die Salatblätter waschen, trockentupfen und in Streifen schneiden. Gurke in feine Streifen schneiden. Hamburgerbrötchen toasten. Jeweils auf die untere Brötchenhälfte Salatstreifen und Gurkenscheiben verteilen und 1 Frikadelle darauflegen. Die obere Hälfte mit Remoulade bestreichen und den Burger zusammenklappen.

Dazu passen Röstzwiebeln. Sie können die Fischfrikadellen selbstverständlich auch ohne Hamburgerbrötchen mit einem Kartoffel-Gurken-Salat servieren.

Selbst gemachte Fischstäbchen mit Remoulade

Für die Remoulade:
1 Gewürzgurke,
1 TL Kapern,
1 Sardelle,
1 Eigelb,
1 Prise Zucker,
Salz,
frisch gemahlener Pfeffer,
1 EL Essig oder Zitronensaft,
1 TL Senf,
1/8 l Speiseöl,
1 EL gehackte Petersilie

Für die Fischstäbchen:
400–500 g Rotbarsch-, Kabeljau- oder Seehechtfilet,
Salz,
frisch gemahlener Pfeffer,
4 Eier,
100 g Mehl,
2 EL Semmelbrösel

Außerdem:
100 ml Öl zum Braten,
1 unbehandelte Zitrone

Für die Remoulade Gurke, Kapern und Sardelle sehr fein hacken. In einer Schüssel mit dem Handrührer Eigelb, Zucker, Salz, Pfeffer, Essig oder Zitronensaft und Senf cremig rühren. Das Öl erst tropfenweise, dann im dünnen Strahl unterrühren, bis eine dicke Mayonnaise entstanden ist. Gurke, Kapern, Sardelle und Petersilie unterheben.
Für die Fischstäbchen die Fischfilets abbrausen und trockentupfen, mit Salz und Pfeffer würzen. Aus den Mittelteilen möglichst gleichmäßige, etwa 3 Zentimeter dicke Streifen schneiden (die Abschnitte anderweitig verwenden). Eier in einem tiefen Teller verquirlen. Mehl und Brösel in zwei weitere tiefe Teller füllen. Die Fischstücke zuerst im Mehl wälzen, dann durch das verquirlte Ei ziehen und anschließend in den Bröseln wenden.
In einer großen Pfanne Öl erhitzen und die Fischstäbchen darin rundherum goldbraun braten. Herausnehmen und kurz auf Küchenpapier abtropfen lassen.
Zitrone waschen, abtrocknen und in dünne Scheiben schneiden. Fischstäbchen auf Tellern anrichten und mit Zitronenscheiben garnieren. Die Remoulade separat dazu reichen.

Dazu passt ein sahniges Kartoffelpüree.

Backfisch

150 g Mehl,
2 Eier,
1 EL Öl,
knapp 200 ml Pils,
1/4 TL Salz,

Das Mehl in eine Schüssel sieben und in die Mitte eine Mulde drücken. Die Eier trennen. Öl, Eigelbe und Bier in die Mulde geben und die Zutaten von innen nach außen zu einem dickflüssigen Teig verrühren, mit Salz und Pfeffer würzen. Den Teig 30 Minuten quel-

len lassen. Danach die Eiweiße steif schlagen, vorsichtig unterheben. Inzwischen die Fischfilets abbrausen, trockentupfen und in 4 Portionsstücke schneiden. Mit dem Zitronensaft beträufeln und 15 Minuten ziehen lassen. Dann trockentupfen, salzen, pfeffern.
In einem Topf das Frittierfett auf 180 °C erhitzen. Den Backfisch portionsweise durch den Teig ziehen, abtropfen lassen und in dem Fett schwimmend goldbraun ausbacken. Herausnehmen und vor dem Servieren auf Küchenpapier abtropfen lassen.

frisch gemahlener Pfeffer,
700 g Fischfilet
(z. B. Kabeljau, Rotbarsch),
4 EL Zitronensaft,
Frittierfett zum Ausbacken

Dazu frische Brötchen oder Kartoffelpüree und am besten selbst gemachte Remoulade (Rezept S. 66) reichen.

Fischauflauf mit bunten Gemüsestiften

Das Suppengemüse schälen bzw. putzen, Lauch zwischen den Blattschichten waschen. Alles in streichholzgroße Stifte schneiden. Petersilie abbrausen und trockentupfen, die Blättchen abzupfen und fein hacken.
Den Backofen auf 200 °C (Umluft 180 °C, Gas Stufe 3) vorheizen und eine Auflaufform mit 1 Esslöffel Butter einfetten. In einer hohen Pfanne die restliche Butter erhitzen und darin die Gemüsestreifen 2–3 Minuten andünsten. Die Sahne angießen und einmal aufkochen lassen. Mit Salz und Pfeffer würzen.
Die Fischfilets abbrausen und trockentupfen. Mit Zitronensaft beträufeln und mit Salz und Pfeffer würzen. Die Hälfte des Sahnegemüses auf dem Boden der Auflaufform verteilen. Darauf nebeneinander die Fischfilets legen, mit der Hälfte der Petersilie bestreuen und mit dem restlichen Gemüse bedecken. Die Form in den vorgeheizten Ofen (mittlere Schiene) schieben und den Fischauflauf 20 Minuten garen.
Inzwischen in einer Schüssel Weißbrot, Parmesan, restliche Petersilie und Olivenöl vermengen. Nach der Hälfte der Garzeit die Oberfläche des Fischauflaufs mit dieser Mischung gleichmäßig bedecken und goldbraun überbacken.

1 Bund Suppengemüse
(bestehend aus Möhre,
Sellerie oder Petersilienwurzel und Lauch),
1/2 Bund Petersilie,
4 EL Butter,
400 ml Sahne,
Salz,
frisch gemahlener Pfeffer,
500 g Fischfilets nach Wahl
(z.B. Rotbarsch, Kabeljau,
Hecht, Karpfen, Zander),
Saft von 1/2 Zitrone,
4 EL grob geriebenes
Weißbrot,
1 EL frisch geriebener
Parmesan,
2 EL Olivenöl,
Butter für die Form

Gegrillter Joghurtfisch nach indischer Art

1 kleine Zwiebel,
3 Knoblauchzehen,
1 kleine rote Chilischote,
4 EL Olivenöl,
je 1/4 TL gemahlener Kurkuma, Kreuzkümmel und Koriander,
500 g Fischfilets (z. B. Kabeljau, Rotbarsch),
Saft von 1/4 Zitrone,
Salz,
frisch gemahlener Pfeffer,
500 g Vollmilchjoghurt,
Olivenöl zum Bestreichen

Ggf. am Vortag Zwiebel und Knoblauch schälen und fein würfeln. Chilischote von Stielansatz, Samen sowie Scheidewänden befreien und klein würfeln.
2 Esslöffel Olivenöl in einer Pfanne erhitzen und darin Zwiebel, Knoblauch und Chilischote anschwitzen. Mit Kurkuma, Kreuzkümmel und Koriander würzen und weitere 2 Minuten braten, die Pfanne von der Kochstelle ziehen.
Die Fischfilets abbrausen und trockentupfen. Mit Zitronensaft beträufeln und mit Salz und Pfeffer würzen. In einer Schale die Würzmischung aus der Pfanne mit dem Joghurt gründlich verrühren und die Fischfilets damit bestreichen. Mit Klarsichtfolie abdecken und für mindestens 8 Stunden, am besten über Nacht im Kühlschrank ziehen lassen; währenddessen die Fischfilets ein- bis zweimal wenden.
Den Backofen auf 200 °C (Umluft 180 °C, Gas Stufe 3) vorheizen. Einen Backrost mit Alufolie überziehen und mit Olivenöl bestreichen. Die Fischfilets aus der Form nehmen und auf den Backrost legen, die verbliebene Joghurtmarinade wird nicht mehr benötigt. Mit den restlichen 2 Esslöffeln Olivenöl beträufeln, in den vorgeheizten Backofen (mittlere Schiene) schieben und die Fischfilets in 10–15 Minuten garen.

Wenn Sie die Beilage gleich dazu haben möchten, können Sie folgende Variante wählen: 250 Gramm Langkornreis mit 600 Millilitern Gemüse- oder Fischbrühe in einem Bräter aufkochen, in den auf 200 °C vorgeheizten Backofen schieben und den Reis etwa 20 Minuten garen. Kurz vor Ende der Garzeit die Fischfilets in den Bräter legen, mit etwas Reis bedecken und 10–15 Minuten mitgaren. Den Reis nach Belieben mit Safranfäden, Ingwer- oder Chilipulver würzen.

Panierte Fischschnitzel

4 Scheiben Schellfisch (à ca. 200 g),
Saft von 1/2 Zitrone,
Salz,
frisch gemahlener Pfeffer,
1 EL mittelscharfer Senf oder Kräutersenf,
100 g Mehl,
100 g Semmelbrösel,
2 Eier (Größe M),
1 EL Milch,
100 ml Pflanzenöl,
1 EL Kräuterbutter,
4 Petersiliensträußchen und 4 Zitronenviertel zum Garnieren

Die Fischscheiben abbrausen und trockentupfen. Mit Zitronensaft beträufeln, mit Salz und Pfeffer würzen und dünn mit Senf bestreichen. Mehl und Semmelbrösel jeweils auf einen Teller geben. In einem tiefen Teller Eier und Milch verquirlen. Die Fischscheiben nacheinander in Mehl, verquirltem Ei und Bröseln wenden.
Das Öl in einer Pfanne erhitzen und darin die panierten Fischscheiben auf beiden Seiten knusprig anbraten. Dann die Hitze reduzieren und die Schnitzel in etwa 10 Minuten fertig braten. Herausnehmen und auf Teller verteilen. Mit Kräuterbutter, Petersiliensträußchen und Zitronenvierteln garnieren und servieren.

Dazu passen in Butter geschwenkte Pellkartoffeln, grüner Salat und Remoulade (Rezept S. 66).

Rotbarsch in Pfannkuchenteig

400 g Rotbarschfilets (frisch oder aufgetaute TK-Ware),
Salz,
edelsüßes und rosenscharfes Paprikapulver,
frisch gemahlener Pfeffer,
1 Bund Schnittlauch,
3 Eier (Größe M),
150 g Mehl,
1/4 l Milch,
100 g weiche Butter

Die Fischfilets abbrausen, trockentupfen und quer in 1–2 Zentimeter breite Stücke schneiden. Mit Salz, den beiden Paprikasorten und Pfeffer würzen. Den Schnittlauch abbrausen, trockentupfen und in Röllchen schneiden. In einer Schüssel Eier, 1 Prise Salz, Mehl, Milch und etwa 20 Gramm Butter mit dem Handrührer zu einem glatten Teig verrühren.
Jeweils ein Viertel der Butter in einer beschichteten Pfanne erhitzen, ein Viertel des Teigs hineingießen und anbacken lassen, Fischstücke sowie Schnittlauch anteilig darauf verteilen und kurz mitbacken lassen. Pfannkuchen mit Hilfe von 2 Tellern wenden und fertigbacken. Herausnehmen und im Backofen bei 50 °C warm halten. Mit restlichem Teig, Fisch und Schnittlauch ebenso verfahren.

Das Rezept eignet sich sehr gut für die Verwertung von übrig gebliebenem Koch- oder Bratfisch. Die Pfannkuchen können zusätzlich mit Nordseekrabben und Gemüse, z. B. Paprikawürfeln, variiert werden. Als Beilage passen gemischter Salat, knuspriges Weißbrot und Remoulade (Rezept S. 66).

Paella mit Red Snapper

1 Zwiebel,
2 Knoblauchzehen,
100 g Chorizo (spanische Paprikawurst) oder 1 Cabanossi,
1 kleine rote Chilischote,
4 Hähnchenschenkel,
Salz,
frisch gemahlener Pfeffer,
edelsüßes und rosenscharfes Paprikapulver,
6 EL Olivenöl,
400 g Langkornreis,
1–2 Döschen Safranfäden (à 0,1 g),
100 ml Sherry Fino (ersatzweise anderer Weißwein),
1 l Gemüse- oder Fischfond (nach Grundrezept S. 49 oder Fertigprodukt),
400 g Filets vom Red Snapper,
Saft von 1/2 Zitrone

Die Zwiebel und den Knoblauch schälen und fein würfeln. Die Wurst pellen und fein würfeln. Chilischote von Stielansatz, Samen und Scheidewänden befreien und ebenfalls fein würfeln. Die Hähnchenschenkel abbrausen und trockentupfen. Rundherum mit Salz, Pfeffer und den beiden Paprikasorten einreiben.
Den Backofen auf 220 °C (Umluft 200 °C, Gas Stufe 4) vorheizen. Einen größeren Bräter auf den Herd stellen und darin die Hälfte des Olivenöls erhitzen. Die Hähnchenschenkel darin rundherum braun anbraten; herausnehmen und auf einen Teller legen. Restliches Olivenöl in den Bratensatz gießen und darin Zwiebel, Knoblauch, Chilischote und Wurst anbraten. Reis einstreuen und 2 Minuten mitbraten. Alles mit Salz, Pfeffer und Safran würzen. Mit Sherry ablöschen und den Fond angießen. Nach dem ersten Aufkochen die Hähnchenschenkel wieder einlegen. Den Bräter in den vorgeheizten Ofen (mittlere Schiene) schieben und das Fleisch mit dem Reis 40 Minuten garen.
Inzwischen die Fischfilets abbrausen, trockentupfen und in mundgerechte Stücke schneiden. Mit Zitronensaft beträufeln und mit Salz und Pfeffer würzen. 10 Minuten vor Ende der Garzeit die Fischstücke unter den Reis mischen und danach den Bräter mit Folie abdecken. Die fertige Paella im Bräter servieren.

Sie können in diesem Rezept den Red Snapper auch durch Goldbrasse oder Lachs ersetzen oder noch Garnelen und Miesmuscheln hinzufügen.

Fischcurry mit Kokosmilch

500 g festfleischige Fischfilets (z. B. Schwertfisch, Red Snapper, Victoriabarsch), Saft von 1 Limette, Salz, grob geschroteter schwarzer Pfeffer, 5 Stängel Koriandergrün, 1 Stängel Zitronengras, 200 g Champignons, 1 TL thailändische Chilipaste in Öl, 500 ml ungesüßte Kokosmilch, 2 EL thailändische Fischsauce

Die Fischfilets abbrausen, trockentupfen und in mundgerechte Stücke schneiden. Mit Limettensaft beträufeln, mit Salz und Pfeffer würzen. Den Koriander abbrausen und trockentupfen, die Blättchen abzupfen und fein hacken. Das Zitronengras von den äußeren harten Blättern und dem Wurzelansatz befreien und quer halbieren. Die Champignons putzen und je nach Größe halbieren oder vierteln.

In einer Pfanne mit hohem Rand oder besser in einem Wok die Chilipaste unter Rühren erhitzen. Die Kokosmilch einrühren und einmal aufkochen lassen. Die Hitze reduzieren, Zitronengras, Pilze, Koriander und Fischstücke unterrühren. Bei geringer Hitze 5–8 Minuten ziehen lassen. Mit der Fischsauce würzen und nochmals abschmecken.

Dazu schmeckt thailändischer Duftreis oder ein Gemisch aus Duftreis und rotem Reis zu gleichen Teilen.

Schmeckte schon Kiddel Daddeldü

Fischfondue mit Safrancreme

Für das Fondue:
800 g Fischfilets Ihrer Wahl (z. B. Lachs, Seeteufel, Steinbutt, Scholle, Rotbarsch, Zander), 4 frische geschälte Riesengarnelen, Saft von 1 Zitrone, Salz, frisch gemahlener Pfeffer, 1/2 Fenchelknolle, 250 g junge Spinatblätter, 1 l Fischfond (nach Grundrezept S. 49 oder Fertigprodukt), 1/4 l trockener Weißwein oder Prosecco

Für die Safrancreme:
1 reife Banane, 1 Msp. gemahlener Safran, 1 Msp. Currypulver, Saft von 1/2 Orange, 100 g Mayonnaise, 150 g saure Sahne, Salz, frisch gemahlener Pfeffer, 1 TL frisch gehackter Dill (oder TK)

Außerdem:
Fonduegabeln oder -siebe, Baguette

Für das Fondue die Fischfilets abbrausen, trockentupfen und in mund- bzw. spießgerechte Stücke schneiden. Die Riesengarnelen entlang dem Rücken einschneiden, vom Darm befreien, abbrausen, trockentupfen und je nach Größe halbieren oder vierteln. Fischfilets und Riesengarnelen mit Zitronensaft beträufeln, mit Salz und Pfeffer würzen. Den Fenchel putzen, vom Strunk befreien und in Würfel von etwa 1 1/2–2 Zentimetern Kantenlänge schneiden. Die Spinatblätter putzen, gründlich abbrausen und abtropfen lassen.

Für die Safrancreme die Banane schälen und mit einer Gabel fein zerdrücken. Mit Safran sowie Currypulver bestäuben und mit Orangensaft glatt rühren. Mayonnaise und saure Sahne unterrühren, mit Salz, Pfeffer und Dill würzen. Die Sauce in Portionsschälchen verteilen. Fischfilets, Riesengarnelen, Fenchel und Spinat auf Servierteller verteilen. Fischfond und Weißwein oder Prosecco im Fonduetopf aufkochen und den Topf sofort auf das Tischrechaud stellen. Das Baguette in Scheiben schneiden und dazu servieren.

- Und das Beste, die Brühe, kommt zum Schluss: Geben Sie dazu in 4 Portionsschalen je 1 frisches Eigelb (Größe S), beträufeln es mit etwas Sojasauce und füllen es mit einer Kelle Fischbrühe aus dem Fonduetopf auf. Gut durchrühren und die Suppe austrinken. Nach Belieben können Sie sie noch mit frisch gehacktem Ingwer und Koriandergrün bestreuen.

- Falls dann noch Fischbrühe übrig bleibt, diese unbedingt für die nächste Fischsauce einfrieren.

Goldbrasse in der Salzkruste

Den Backofen auf 220 °C (Umluft 200 °C, Gas Stufe 4) vorheizen. Die Kräuter abbrausen, trockentupfen und auf dem Boden eines Backblechs auslegen. Die Goldbrasse abbrausen, trockentupfen und auf die Kräuter legen. Das Meersalz mit dem Eiweiß gründlich vermengen, auf dem Fisch verteilen und andrücken. Das Backblech in den vorgeheizten Ofen (mittlere Schiene) schieben und die Brasse 30 Minuten backen.
Kurz vor dem Servieren das Olivenöl mit dem Zitronensaft verquirlen und in eine Portionsschale füllen. Das Backblech aus dem Ofen nehmen und die Salzkruste anschlagen bzw. aufbrechen. Erfahrungsgemäß bleibt die Haut auf dem Salz kleben, und saftiges Fischfleisch kommt zum Vorschein.

1 Bund gemischte Kräuter (Rosmarin, Estragon, Thymian),
1 küchenfertige Goldbrasse/Dorade von etwa 1,2 kg,
2 kg grobes Meersalz,
1 Eiweiß (Größe M),
5 EL Olivenöl,
Saft von 1/2 Zitrone

Meersalz ist recht teuer, aber die groben Kristalle sind nötig, um eine gute Salzkruste zu bekommen.

Das köstlich saftige Fischfleisch duldet eigentlich gar nichts mehr neben sich. So ist ein zitroniges Olivenöl eine zurückhaltende, aber zugleich wirkungsvolle Begleitung. Man kann das Olivenöl zusätzlich mit frisch gehackten Kräutern oder gerösteten Mandeln oder Pinienkernen variieren.

Zur Goldbrasse serviert man in Spanien eine cremige Salsa: Dazu je 50 Gramm gemahlene Haselnüsse und Mandeln in einer beschichteten Pfanne unter Schwenken rösten, bis sie zu duften beginnen. Herausnehmen und auf einem Teller bereitstellen. 3 gehackte Knoblauchzehen und 1 gehackte kleine Chilischote in 1 Esslöffel Olivenöl anschwitzen, 1 gewürfelte Paprikaschote und 2 gehackte Tomaten zugeben und kurz mitschwitzen. Alle vorbereiteten Zutaten mit 6 Esslöffeln Olivenöl und 1 Esslöffel Sherryessig pürieren, salzen und pfeffern.

Goldbrasse auf buntem Gemüse im Dampfkorb

2 küchenfertige Goldbrassen/Doraden (à 600 g), Salz, frisch gemahlener Pfeffer, 2 Stängel Petersilie, 1 Möhre, 1 kleine Stange Lauch, 2 Stangen Staudensellerie, 1 kleine rote Paprikaschote, 50 g Butter

Die Brassen abbrausen und trockentupfen. Auf beiden Seiten mehrmals quer einritzen. Innen und außen leicht salzen und pfeffern. Die Petersilie abbrausen, trockentupfen und je 1 Stängel in jede Fischbauchhöhle legen. Das Gemüse schälen bzw. putzen und in streichholzgroße Streifen schneiden. Den Boden des Dampfkorbs mit passend zugeschnittenem Backpapier auslegen und die Gemüsestreifen darauf verteilen. Die Fische darauflegen. Die Butter in Würfel schneiden und obenauf setzen. Den Wok zu einem Drittel mit Wasser füllen und dies zum Kochen bringen. Den Dampfkorb mit dem Deckel verschließen und in den Wok stellen. Fisch und Gemüse in 15–20 Minuten garen.

Dämpfen ist eine sehr schonende Garmethode für Fisch, die vor allem in China häufig genutzt wird. Ideal ist sie für ganze Portionsfische, da ihr Fleisch zusätzlich durch die eigene Haut geschützt wird. Aber man kann auch Filets und Scheiben hervorragend dämpfen. Da diese aber schon nach 5–6 Minuten gar sind, sollte das Gemüse entsprechend lange vorgegart werden.

Gegrillte Kräuter-Makrelen

je 1/2 Bund Petersilie und Dill, 1/8 l trockener Rotwein, 1 TL scharfer Senf, 1 TL Zucker, Salz, 5 weiße Pfefferkörner, 1 Lorbeerblatt, 1/2 TL gerebelter Thymian, 1/2 TL getrockneter Rosmarin, 4 küchenfertige Makrelen

Die Petersilie und den Dill abbrausen, trockentupfen, Blätter und Spitzen abzupfen und fein hacken. In einer Schüssel mit Rotwein und Senf kräftig verrühren. Mit Zucker, 1 kräftigen Prise Salz, Pfeffer, Lorbeerblatt, Thymian und Rosmarin würzen. Die Makrelen abbrausen und trockentupfen. In eine passende Form legen und mit der Kräutermarinade beträufeln. Mit Klarsichtfolie verschließen und für mindestens 30 Minuten in den Kühlschrank stellen.

Den Backofen auf 180 °C (Umluft 160 °C, Gas Stufe 2) mit Grillstufe vorheizen. Die Makrelen aus der Form nehmen, auf einen Backrost legen und in den vorgeheizten Ofen (mittlere Schiene) schieben. Darunter ein Backblech schieben, damit die Marinade nicht in den Ofen tropft. Die Makrelen unter mehrmaligem Wenden 15–20 Minuten grillen.

Dazu passen gemischter Salat und knuspriges Weißbrot. Die Makrelen schmecken natürlich noch besser, wenn sie auf dem Holzkohlengrill gegrillt werden. Dazu die Fische in spezielle Grillkörbe klemmen.

noch besser: vom Gartengrill

Gegrillter Thunfisch mit Kapernmayonnaise

100 ml Olivenöl,
4 Thunfischsteaks (à 200 g),
Saft von 1 Zitrone,
Salz,
frisch gemahlener Pfeffer,
3 Stängel Salbei,
1 Eigelb (Größe L),
1 TL scharfer Senf,
3 EL eingelegte Kapern

Den Backofen auf 200 °C (Umluft 180 °C, Gas Stufe 3) mit Grillstufe vorheizen. Einen Backrost mit Alufolie überziehen und mit etwas Olivenöl bepinseln. Die Thunfischsteaks abbrausen und trockentupfen. Mit der Hälfte des Zitronensafts beträufeln, mit Salz und Pfeffer würzen. Die Thunfischsteaks nebeneinander auf den Rost legen. Den Salbei abbrausen, trockentupfen und die Blättchen abzupfen. In Olivenöl tauchen und die Fischsteaks damit belegen. Den Rost in den vorgeheizten Backofen (mittlere Schiene) schieben und die Fischstücke unter mehrmaligem Wenden in etwa 10 Minuten goldbraun grillen.
Inzwischen in einer Schüssel Eigelb und Senf mit dem Handrührer cremig rühren. Das restliche Olivenöl erst tropfenweise, dann im dünnen Strahl zugeben, bis die Mayonnaise eine cremige Konsistenz hat. Die Kapern unterrühren und die Mayonnaise mit Salz, Pfeffer und Zitronensaft würzen. Die gegrillten Thunfischsteaks auf Teller verteilen und löffelweise mit der Mayonnaise überziehen oder diese separat dazu reichen.

Dazu passen Folienkartoffeln und bunter Salat oder gemischtes Gemüse vom Blech.

Pizza mit Thunfisch, Sardellen und Kapern

Für 1 Backblech (ca. 30 x 40 cm) oder 4 runde Pizzen (ca. 20 cm Durchmesser):

Für den Teig:
400 g Mehl,
1 Würfel frische Hefe (42 g),
1 Prise Zucker,
200 ml lauwarmes Wasser,
1 gestr. TL Salz,
1 EL Olivenöl

Für den Belag:
2 Knoblauchzehen,
1 kleine Dose Tomaten (400 g),
Salz,
frisch gemahlener Pfeffer,
2 EL gehackter Oregano,
2 Zwiebeln,
3 eingelegte Sardellenfilets,
1 EL eingelegte Kapern,
3 Dosen Thunfisch in Öl (à ca. 130 g Abtropfgewicht),
50 g Oliven mit Paprikafüllung,
250 g Mozzarella

Außerdem:
Mehl für die Arbeitsfläche und zum Bestäuben,
Olivenöl für das Blech und zum Bepinseln

Für den Teig das Mehl in eine Schüssel sieben, in die Mitte eine Vertiefung drücken und die Hefe hineinbröckeln. Den Zucker darüberstreuen und die Zutaten in der Mulde mit dem Wasser verrühren. Den Vorteig mit etwas Mehl vom Rand bestäuben, mit einem Tuch abdecken und für etwa 20 Minuten an einem warmen, zugfreien Ort gehen lassen.

Inzwischen für den Belag den Knoblauch schälen und fein hacken. Tomaten klein schneiden. In einem Topf mit der Hälfte des Dosensafts und dem Knoblauch vermengen, zum Kochen bringen und etwas einköcheln lassen, mit Salz, Pfeffer und Oregano würzen.

Den Vorteig mit dem restlichen Mehl in der Schüssel, Salz und Olivenöl zu einem geschmeidigen Teig verkneten. Zu einer Kugel formen, in der Schüssel mit etwas Mehl bestäuben und weitere 30 Minuten zugedeckt gehen lassen.

Inzwischen die Zwiebeln schälen, halbieren und in hauchdünne Streifen schneiden. Sardellenfilets abbrausen, trockentupfen und mit den Kapern fein hacken. Thunfisch gut abtropfen lassen und mit einer Gabel fein zerpflücken. Oliven und Mozzarella in Scheiben schneiden.

Den Backofen auf 220 °C (Umluft 200 °C, Gas Stufe 4) vorheizen und ein Backblech mit Olivenöl bepinseln. Den Teig auf einer bemehlten Arbeitsfläche kräftig durchkneten und in Backblechgröße ausrollen. Auf das Blech legen und dabei Ränder hochziehen. Mehrmals mit einer Gabel einstechen und die Teigränder mit etwas Olivenöl bepinseln. Die Tomatensauce auf dem Teig verstreichen. Zwiebeln, Sardellen, Kapern, Thunfisch und Oliven gleichmäßig darauf verteilen und mit dem Mozzarella bedecken. Alles leicht mit Salz und Pfeffer würzen. Das Backblech in den vorgeheizten Ofen (mittlere Schiene) schieben und die Pizza etwa 25 Minuten backen, dabei den Belag in den letzten Minuten mit Alufolie abdecken.

Anstelle von Thunfisch können Sie auch zur Hälfte Thunfisch und gemischte Meeresfrüchte (frisch oder TK) verwenden. Oder die Pizza stattdessen mit frischen Lachs- und Seelachsstücken belegen. Darauf achten, dass die Fischstücke nicht zu sehr austrocknen. Eventuell die Pizza schon nach der Hälfte der Backzeit mit Alufolie abdecken.

Gegrillter Schwertfisch mit Zitronensauce

Die Schwertfischsteaks waschen, trockentupfen, salzen und pfeffern. Die Schale der Zitrone abreiben und die Frucht auspressen. Petersilie und Thymian waschen, trockentupfen, die Blättchen abzupfen und fein hacken. Zitronensaft und -schale in einer Schüssel mit Petersilie und der Hälfte des Olivenöls verrühren. Die Fischsteaks in eine flache Schale legen, mit der Marinade übergießen, mit den Lorbeerblättern belegen und zugedeckt 1 Stunde im Kühlschrank marinieren. Herausnehmen und trockentupfen, die Marinade beiseitestellen.
Das restliche Olivenöl in einer Pfanne erhitzen und die Fischsteaks von jeder Seite darin in etwa 5 Minuten braun braten, mit Salz und Pfeffer würzen. Zum Schluss die Marinade zugießen und den Schwertfisch sofort mit Thymian bestreut servieren.

4 Schwertfischsteaks (à ca. 250 g),
Salz,
frisch gemahlener weißer Pfeffer,
1 unbehandelte Zitrone,
1 Bund glatte Petersilie,
2 Stängel Thymian,
8 EL extra natives Olivenöl,
4 Lorbeerblätter

Dazu passt eine typisch griechische Öl-Zitronen-Sauce. Dafür 2 Teile sehr gutes mildes Olivenöl mit 1 Teil Zitronensaft kräftig (am besten im Mixer auf höchster Stufe) verrühren und mit Salz und Pfeffer würzen.

Maischollen nach Finkenwerder Art

Im Mai beginnt die Fangsaison für Schollen. Die in diesem Monat gefangenen und nach ihm benannten Exemplare sind bei Feinschmeckern besonders beliebt, da sie von der Portionsgröße her optimal sind und ihr Fleisch am zartesten ist.

4 küchenfertige Maischollen (à ca. 350 g),
Saft von 1 Zitrone,
Salz,
frisch gemahlener Pfeffer,
100 g fetter Räucherspeck,
100 g Mehl,
4 Petersiliensträußchen und 4 Zitronenspalten zum Garnieren

Die Schollen abbrausen und trockentupfen. Mit Zitronensaft beträufeln und mit Salz und Pfeffer würzen. Räucherspeck fein würfeln und in 2 großen Pfannen ausbraten. Die Schollen in Mehl wenden und in dem entstandenen Bratfett auf beiden Seiten bei geringer bis mittlerer Hitze in insgesamt etwa 15 Minuten knusprig braten. Herausnehmen, auf Küchenpapier abtropfen lassen und auf Tellern anrichten. Die Speckwürfel mit einem Schaumlöffel aus den Pfannen heben und über die Schollen geben. Mit Petersiliensträußchen und Zitronenspalten garnieren und servieren.

Dazu passen nach norddeutscher Art mit Mayonnaise zubereiteter Kartoffel- oder Gurkensalat.

tolles Rezept – sieht klasse aus!

Seezungen mit Kartoffelkruste

4 küchenfertige Seezungen (à ca. 350 g),
Saft von 1/2 Zitrone,
Salz,
frisch gemahlener Pfeffer,

Die Seezungen abbrausen und trockentupfen. Mit Zitronensaft beträufeln und mit Salz und Pfeffer würzen. Die Kartoffeln pellen und auf einer Küchenreibe (Röstireibe) fein raspeln. Mit Salz, Pfeffer und Muskat würzen. Mehl auf einen Teller geben und die Eier in einem tiefen Teller verquirlen. Die Seezungen erst in Mehl, dann in verquirltem Ei und zum Schluss in den Kartoffelraspeln wenden und diese fest andrücken. Öl und Butter in 2 mittleren Pfannen oder in einer großen Pfanne erhitzen, die Seezungen einlegen und auf beiden Seiten in insgesamt 8–10 Minuten knusprig braun braten.

800 g Pellkartoffeln vom Vortag,
1 Prise frisch geriebene Muskatnuss,
100 g Mehl,
3 Eier (Größe M),
4 EL Sonnenblumenöl,
2 EL Butter

Die Kartoffeln sollten am Vortag gekocht werden, weil sie während der Lagerzeit eine festere Konsistenz erhalten und sich so besser zum „Panieren“ eignen.

Als Sauce einfach Vollmilchjoghurt mit gehackten Kräutern und etwas Zitronensaft verrühren, mit Salz und Pfeffer würzen und zum Dippen dazu reichen.

Frittierte Seezungenfilets

Die Seezungenfilets abbrausen und trockentupfen. Quer in mundgerechte Stücke schneiden. Mit Zitronensaft beträufeln und mit Salz und Pfeffer würzen. Die Eier trennen. In einer Schüssel Weißwein, Eigelbe, Öl und Mehl mit dem Handrührer zu einem geschmeidigen Teig verrühren. Die Eiweiße steif schlagen und vorsichtig unterheben.
Zum Frittieren das Pflanzenöl auf 180 °C erhitzen. Die Fischstücke einzeln durch den Backteig ziehen und im heißen Fett schwimmend goldgelb ausbacken. Mit einem Schaumlöffel herausnehmen und auf Küchenpapier abtropfen lassen. Auf Teller verteilen und mit Petersiliensträußchen und Zitronenvierteln garnieren.

800 g Seezungenfilets,
Saft von 1/2 Zitrone,
Salz,
frisch gemahlener Pfeffer,
2 Eier (Größe M),
1/4 l trockener Weißwein,
2 EL Pflanzenöl,
150 g Mehl,
1/2 l Pflanzenöl zum Frittieren,
4 Petersiliensträußchen und 4 Zitronenviertel zum Garnieren

Wenn das Fett schon mal heiß ist, dann können Sie auch gleich die Petersiliensträußchen pur oder mit Bierteig überzogen frittieren. Oder Sie backen Ihre Beilage auch gleich mit aus: Dazu rohe Kartoffeln in dünne Scheiben hobeln oder in Spalten schneiden, mit Salz, Pfeffer und rosenscharfem Paprikapulver würzen und im heißen Fett knusprig backen. Für typisch englische Fish & Chips fehlt dann nur noch ein Stück Zeitungspapier, zur Tüte zusammengerollt, um die frittierten Fisch- und Kartoffelstücke darin zu servieren. Mit Weißweinessig (englische Art) beträufeln und Mayonnaise dazu reichen.

Seezungenröllchen in Salbeisauce

800 g Seezungenfilets,
Saft von 1/2 Zitrone,
Salz,
frisch gemahlener Pfeffer,
8 dünne Scheiben Räucherspeck,
16 Salbeiblättchen,
8 Zahnstocher,
1 kleine Zwiebel,
1 EL Butter,
1/2 l Fischfond (nach Grundrezept S. 49 oder Fertigprodukt),
100 ml Sahne,
1 EL in Streifen geschnittene Salbeiblättchen

Die Seezungenfilets abbrausen und trockentupfen. In 8 etwa gleich große Stücke schneiden, mit Zitronensaft beträufeln und mit Salz und Pfeffer würzen. Den Backofen auf 180 °C (Umluft 160 °C, Gas Stufe 2) vorheizen.
Den Räucherspeck in einer heißen beschichteten Pfanne nur ganz kurz anbraten. Herausnehmen und die Scheiben nebeneinander auf eine Arbeitsplatte legen. Salbeiblättchen abbrausen, trockentupfen und je 2 auf jede Speckscheibe legen. Seezungenfilets darauflegen, in die Speckscheiben einrollen und jeweils mit 1 Zahnstocher fixieren. Zwiebel schälen und fein würfeln.
Die Butter in einer Pfanne erhitzen und die Zwiebel darin glasig dünsten. Fischfond angießen und kurz aufkochen. Seezungenröllchen in eine passende Auflaufform legen und mit dem Pfanneninhalt übergießen. Die Form in den vorgeheizten Ofen (mittlere Schiene) schieben und die Röllchen 8–10 Minuten garen. Auf einen Teller legen und mit Alufolie bedecken. Den Bratfond aus der Form in einem Topf zum Kochen bringen und etwa 5 Minuten einkochen lassen, mit Sahne verfeinern, die Salbeistreifen einrühren und abschmecken. Die Seezungenröllchen auf Teller verteilen und mit der Salbeisauce überziehen.

Ganze Lachsseite mit grünem Spargel

1 kg Lachsseite mit Haut,
Saft von 1 Zitrone,
Salz,
grob geschroteter schwarzer Pfeffer,
5 Stängel Dill,
500 g grüner Spargel,
1 EL Olivenöl,
5 EL trockener Weißwein,
2 EL Kräuterbutter

Den Backofen auf 200 °C (Umluft 180 °C, Gas Stufe 3) vorheizen. Die Lachsseite abbrausen und trockentupfen. Mit der Handfläche über das Lachsfleisch gleiten, um zu prüfen, ob alle Gräten entfernt sind. Mit dem Zitronensaft beträufeln und mit Salz und Pfeffer würzen. Den Dill abbrausen, trockentupfen, die Spitzen abzupfen und fein hacken. Den Spargel putzen und die holzigen Enden abschneiden. Die Spargelstangen schräg in etwa 1 Zentimeter breite Stücke schneiden.

Ein Backblech so mit Alufolie auslegen, dass die Ränder rundherum ausreichen, um den Fisch einzuwickeln. Die Folie komplett mit Olivenöl bepinseln und die Lachsseite mit der Hautseite nach unten mittig darauf legen. Spargelstücke und Dill auf dem Fisch verteilen und leicht mit Salz und Pfeffer würzen. Mit Weißwein beträufeln und mit Kräuterbutter in Flöckchen belegen. Die Alufolie rund um den Lachs gut verschließen. Das Backblech in den vorgeheizten Backofen (mittlere Schiene) schieben und den Lachs in etwa 25 Minuten garen.

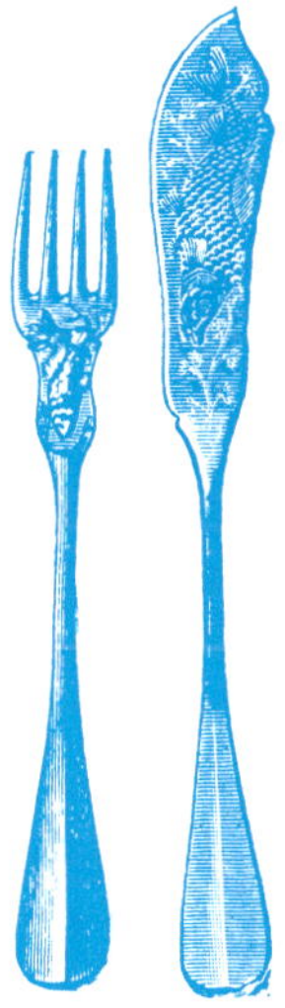

- Dazu passen Sauce Hollandaise, Kräuterbaguette und gemischter Salat.
- Sie können auch eine ganze Lachsforelle oder einzelne Lachstranchen nach diesem Rezept zubereiten.

Spaghetti mit Lachs

500 g Spaghetti,
Salz,
1/2 Bund Petersilie,
250 g Lachsfilet ohne Haut,
Saft und abgeriebene Schale von 1/2 unbehandelten Zitrone,
frisch gemahlener Pfeffer,
150 ml Sahne

Die Spaghetti in reichlich kochendem Salzwasser bissfest garen. Inzwischen die Petersilie abbrausen und trockentupfen, die Blättchen abzupfen und fein hacken. Lachsfilet abbrausen und trockentupfen. In gleich große, mundgerechte Stücke schneiden und mit Zitronensaft beträufeln. Mit Salz und Pfeffer würzen.
In einer großen Pfanne oder noch besser im Wok die Sahne erhitzen. Mit Zitronenschale, Salz und Pfeffer würzen. Nach dem ersten Aufkochen die Hitze reduzieren und die Lachsstücke einlegen. Bei mittlerer Hitze in etwa 4 Minuten gar ziehen lassen. Die gegarten Spaghetti in ein Sieb abgießen und noch tropfnass in die Pfanne bzw. den Wok geben. Spaghetti und Lachssauce vorsichtig vermengen. Petersilie unterziehen, nochmals abschmecken und auf 4 Teller verteilen.

- Noch besser und cremiger schmeckt dieser Klassiker, wenn Sie zusätzlich Crème fraîche oder Crème double unter die Sauce rühren. Anstatt der Spaghetti können sie selbstverständlich Nudeln Ihrer Wahl verwenden, wie z. B. grüne oder weiße Tagliatelle bzw. Bandnudeln.

Gemüsefisch im Bratschlauch

4 Lachskoteletts (à ca. 150 g) oder 600 g Steinbuttfilets, Saft von 1/2 Zitrone, Salz, frisch gemahlener Pfeffer, 1 Möhre, 1/2 Fenchelknolle, 200 g Zuckerschoten, 100 ml Gemüsebrühe (Instant), 1 Bratschlauch

Die Lachsstücke oder die Steinbuttfilets abbrausen und trockentupfen. Mit Zitronensaft beträufeln und mit Salz und Pfeffer würzen. Möhre schälen, erst längs in Scheiben und dann quer in etwa 1/2 Zentimeter breite Streifen schneiden. Fenchel putzen, vom Strunk befreien und in passende Streifen schneiden. Zuckerschoten putzen. Fisch und Gemüse in einem ausreichend großen Stück Bratschlauch verteilen und mit der Gemüsebrühe übergießen. Den Bratschlauch mit den dazugehörigen Verschlüssen verschließen und für etwa 20 Minuten zum Durchziehen in den Kühlschrank legen.
Dann den Bratschlauch in die Mitte des kalten Bratrosts setzen, in den Backofen (mittlere Schiene) schieben, den Ofen auf 220 °C (Umluft 200 °C, Gas Stufe 4) stellen und Fisch und Gemüse etwa 25 Minuten garen. Herausnehmen und den Bratschlauch an den vorgezeichneten Stellen aufschneiden. Fisch und Gemüse auf Teller verteilen und mit der Bratflüssigkeit beträufeln.

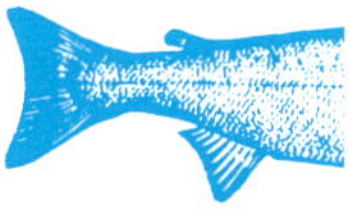

Bitte die Gebrauchsanweisung Ihres Bratschlauchs genauestens lesen. Das Ergebnis wird Sie begeistern, denn die Zutaten behalten, im eigenen Saft geschmort, ihren Biss und bringen ihre Aromen voll zur Geltung.

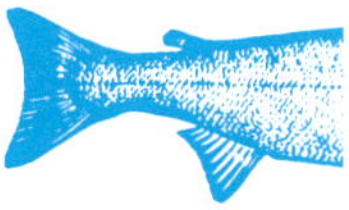

Gefüllte Lachsforelle mit Meeresfrüchten

1 küchenfertige Lachsforelle von etwa 1 1/2 kg, 200 g geschälte Garnelen, 2 EL Olivenöl, Saft von 1/2 Zitrone, Salz, frisch gemahlener Pfeffer, 2 Knoblauchzehen, 50 g Kräuterbutter, 200 g gekochte Miesmuscheln

Den Backofen auf 220 °C (Umluft 200 °C, Gas Stufe 4) vorheizen. Die Lachsforelle und die Garnelen abbrausen und trockentupfen. Ein Backblech so mit Alufolie auslegen, dass die Ränder großzügig überhängen. Die Alufolie komplett mit der Hälfte des Olivenöls bepinseln.
Den Fisch innen und außen mit Zitronensaft beträufeln, mit Salz und Pfeffer würzen. Knoblauch schälen, fein würfeln und mit Kräuterbutter, Muscheln und Garnelen in den Bauchraum der Forelle füllen. Den Fisch mittig auf das Backblech legen und mit dem restlichen Olivenöl bepinseln.

Die Folie rund um den Fisch gut verschließen. Das Backblech in den vorgeheizten Ofen (mittlere Schiene) schieben und den gefüllten Fisch in etwa 40 Minuten garen.

Sie können auch gemischte frische oder TK-Meeresfrüchte für dieses Rezept verwenden. Dazu passt zusammen mit Gemüse Ihrer Wahl gegarter Reis oder frisches Weißbrot.

Immer noch Papas Liebling

Forelle nach Müllerin Art

500 g kleine Kartoffeln,
Salz,
4 küchenfertige Forellen,
frisch gemahlener Pfeffer,
1/2 Bund Petersilie,
Butter zum Braten,
100 g Mehl zum Wenden,
4 Zitronenhälften zum Garnieren

Die Kartoffeln schälen und in kochendem Salzwasser in etwa 20 Minuten garen. Abgießen und kurz ausdampfen lassen. Inzwischen die Forellen innen und außen abbrausen und trockentupfen. Mit Salz und Pfeffer würzen. Die Petersilie abbrausen und trockentupfen, die Blättchen abzupfen und fein hacken.
Am besten in 2 Pfannen reichlich Butter heiß schäumend erhitzen. Mehl auf einen Teller geben. Forellen darin wenden, vom überschüssigen Mehl befreien und in die Pfannen legen. Auf beiden Seiten in insgesamt etwa 15 Minuten goldbraun braten.
Die Petersilie in die Bratbutter streuen, darin die Kartoffeln kurz schwenken und mit Salz und Pfeffer würzen. Die fertigen Forellen auf Teller verteilen und mit etwas Bratfett beträufeln. Die Kartoffeln daneben anrichten.

Dieses Rezept eignet sich auch für andere Fischarten wie z. B. Renken, Saiblinge oder grüne Heringe.

Forelle blau

4 frische küchenfertige Forellen (à ca. 300 g),
Salz,
200 ml Weißweinessig,
1/2 Bund Suppengemüse (bestehend aus Möhre, Sellerie bzw. Petersilienwurzel, Lauch und Petersilie),
1 kleine Zwiebel,
1 unbehandelte Zitrone,
1/4 l trockener Weißwein,
je 5 weiße Pfefferkörner und Wacholderbeeren,
1 EL Salz

Die Forellen nur innen abbrausen, damit die äußere Schleimhaut nicht verletzt wird. Nicht trockentupfen und nur im Bauchraum leicht salzen.

Zur Formgebung und besseren Optik die Forellen rund binden. Dazu mit einer dicken Näh- oder Dressiernadel einen doppelten Faden durch den Unterkiefer und den Schwanz jeder Forelle ziehen. Beide Enden mit einem Zahnstocher sichern, damit der Faden während des Garens nicht reißt. Den Faden zusammenziehen und verknoten. Dann alle 4 Forellen mit der Bauchseite nach unten auf eine Porzellanplatte legen. Den Essig aufkochen und die Forellen damit übergießen – dadurch entsteht die Blaufärbung. Die Platte mit den Forellen ohne Abdeckung für etwa 30 Minuten in den Kühlschrank stellen.

Inzwischen das Suppengemüse schälen bzw. putzen und in grobe Stücke schneiden. Petersilie abbrausen und etwas kleiner zupfen. Zwiebel schälen und in Scheiben schneiden. Die Zitrone heiß abbrausen, trockenreiben und ebenfalls in Scheiben schneiden.

In einem breiten Topf etwa 4 Liter Wasser mit Wein, Pfefferkörnern, Wacholderbeeren und Salz aufkochen. Suppengemüse, Zwiebel und die Hälfte der Zitronenscheiben einlegen. Nach dem ersten Aufkochen die Hitze reduzieren und den Sud 15 Minuten offen köcheln lassen.

Danach die Forellen nacheinander vorsichtig in den siedenden Sud einlegen und zusammen 20 Minuten knapp unter dem Siedepunkt gar ziehen (nicht kochen!) lassen. Jede Forelle einzeln vorsichtig mit einem Schaumlöffel aus dem Kochsud heben und auf einen Teller setzen. Das Küchengarn entfernen, die Fische mit etwas Sud beträufeln, jeweils mit 1 Zitronenscheibe garnieren und servieren.

Dazu passen Salzkartoffeln und ein knackiger Salat. Zum Blaukochen eignen sich auch andere fangfrische Fische, deren Schleimhaut unverletzt ist, z. B. Karpfen, Renken, Aale, Schleien oder Zander.

Selbst geräucherte Forellen aus dem Wok

Selbst räuchern ist viel weniger aufwendig, als manch einer denkt. Man braucht dazu noch nicht einmal einen speziellen Räucherofen. Auch in einem Wok mit Deckel kann man hervorragend räuchern. Das nötige Räuchermehl, das unbedingt harzfrei sein muss, erhalten Sie in Anglerfachgeschäften.

4 küchenfertige Forellen,
4 EL Öl,
Salz,
frisch gemahlener Pfeffer,
4 Stängel Petersilie,
4 Stängel Thymian,
60 g Butter,
Buchenholz-Räuchermehl,
1 TL Wacholderbeeren nach Belieben,
Öl zum Bepinseln

Die Forellen innen und außen abbrausen und mit Küchenpapier trockentupfen. Von außen jeweils mit 1 Esslöffel Öl gleichmäßig bestreichen. Innen und außen salzen und pfeffern.
Petersilie und Thymian abbrausen und trockentupfen und je 1 Stängel in jede Bauchhöhle legen. Auch die Butter anteilig in die Bauchhöhlen verteilen. Den Boden des Woks mit kräftiger Alufolie auslegen. Das Buchenholz-Räuchermehl 3 Zentimeter hoch einfüllen und nach Belieben die Wacholderbeeren einstreuen. Das dazugehörige Gitter mit Alufolie umwickeln und mit Öl bepinseln. Einige Löcher hineinstechen und das Gitter in den Wok setzen. Den Wok auf den Herd stellen und erhitzen. Sobald das Mehl zu rauchen beginnt, die Forellen mit dem Bauch nach oben auf den Rost legen. Den Wok mit dem Deckel verschließen und die Fische darin 10–30 Minuten (siehe Tipp!) räuchern.

- Reichen Sie zu dieser Delikatesse nur Weißbrot und frische Butter oder Sahnemeerrettich.

- Auf die gleiche Weise können Sie auch den Forellen verwandte Fische wie Renken und Saiblinge räuchern.

- Die Garzeit kann leider nur sehr grob angegeben werden, da sie stark von der Größe, vor allem aber dem Fettgehalt der Fische abhängig ist. Und Letzterer wiederum wechselt z. T. im Laufe des Jahres. Also fragen Sie am besten Ihren Fischhändler nach einer präziseren Räucherzeit und testen Sie zwischendurch immer wieder, ob die Fische schon fertig sind. Sie werden sehen: Ihre Experimentierfreudigkeit wird sicher mit einem tollen Geschmackserlebnis belohnt.

Mandelforelle mit Dillrahmkartoffeln

8 Forellenfilets (à ca. 60 g),
Salz,
frisch gemahlener Pfeffer,
1 kleine Zwiebel,
1/2 Bund Dill,
750 g Kartoffeln,
4 EL Butter,
1/4 l Brühe,
200 ml Sahne,
2 Eiweiß (Größe M),
100 g gemahlene Mandeln

Die Forellenfilets abbrausen, trockentupfen und leicht mit Salz und Pfeffer würzen. Zwiebel schälen und fein würfeln. Dill abbrausen, trockentupfen, Spitzen abzupfen und fein hacken. Kartoffeln schälen, waschen und in etwa 1 Zentimeter große Stücke schneiden.

In einem Topf 1 Esslöffel Butter erhitzen und darin die Zwiebelwürfel andünsten. Kartoffelwürfel hinzufügen und unter Rühren mitdünsten, mit Salz und Pfeffer würzen. Brühe angießen und nach dem ersten Aufkochen die Kartoffeln bei mittlerer Hitze etwa 10 Minuten garen. Die Sahne angießen und die Kartoffeln fertig garen. Abschmecken und die Hälfte des Dills unterrühren. Inzwischen die Eiweiße verquirlen und die Mandeln auf einen Teller geben. Die Fischfilets erst im Eiweiß, dann in den Mandeln wenden und diese fest andrücken.

Die restliche Butter in einer größeren Pfanne heiß schäumend erhitzen und die Fischfilets einlegen. Auf jeder Seite etwa 3 Minuten braten. Die Dillrahmkartoffeln auf 4 Teller verteilen und je 2 Forellenfilets darauf anrichten.

Sie können auch Forellen im Ganzen in Mandelbutter braten. Dazu die Forellen mit Zitronensaft, Salz und Pfeffer würzen. Dann in Mehl wenden, überschüssiges Mehl abklopfen und die Fische in reichlich Butter auf beiden Seiten insgesamt etwa 10 Minuten braten. Die Forellen auf Tellern anrichten und in den Bratensatz noch ein Stück Butter gleiten lassen. 1 kleine Hand voll Mandelblättchen sowie etwas gehackte Petersilie einstreuen und 1–2 Minuten darin schwenken. Die Forellen damit beträufeln.

Forellen mit Kräutersauce

Den Backofen auf 240 °C (Umluft 220 °C, Gas Stufe 5) vorheizen und eine passende Auflaufform mit der Hälfte der Butter einfetten. Die Forellen abbrausen und trockentupfen. Mit Zitronensaft beträufeln und mit Salz und Pfeffer würzen. Dann nebeneinander in die Auflaufform legen und mit Wein übergießen. Die Form mit Alufolie verschließen, in den vorgeheizten Ofen (mittlere Schiene) schieben und die Fische etwa 15 Minuten garen. Inzwischen die Zwiebel schälen und fein würfeln. Die Kräuter abbrausen, trockentupfen, Blätter und Spitzen abzupfen und fein hacken.
In einer Pfanne die restliche Butter erhitzen und darin die Zwiebelwürfel andünsten. Die Sahne angießen und kurz aufkochen lassen. Mit Salz und Pfeffer würzen und die Pfanne beiseiteziehen. Die Forellen aus der Form nehmen und auf Teller verteilen. Den Fischsud durch ein Haarsieb seihen und in die Pfanne gießen. Die Sauce unter Rühren 2 Minuten leise köcheln lassen, dann die Kräuter einrühren. Die Fische entweder mit der Sauce löffelweise überziehen oder diese separat dazu reichen.

2 EL Butter,
4 küchenfertige Forellen (à ca. 250 g),
Saft von 1/2 Zitrone,
Salz,
frisch gemahlener Pfeffer,
100 ml trockener Weißwein,
1 kleine Zwiebel,
1 Bund gemischte Kräuter (Dill, Petersilie, Schnittlauch),
200 ml Sahne

Dazu passt Kartoffelpüree mit Erbsen oder Kartoffelschmarren und ein bunter Salat.

Regenbogenforellen aus der Folie

4 küchenfertige Regenbogenforellen,
Saft von 1 Zitrone,
Salz,
frisch gemahlener Pfeffer,
1/2 Bund gemischte Kräuter (Dill, Petersilie, Basilikum),
Olivenöl zum Bepinseln,
1 EL Kräuterbutter

Den Backofen auf 200 °C (Umluft 180 °C, Gas Stufe 3) vorheizen. Die Forellen innen und außen abbrausen und trockentupfen. Mit Zitronensaft beträufeln und mit Salz und Pfeffer würzen. Die Kräuter abbrausen, trockentupfen und anteilig in den Bauchraum der Fische legen. 4 große Stücke Alufolie mit Olivenöl bepinseln und die Fische mittig darauflegen. Kräuterbutter in Flöckchen darauf verteilen und die Fische in die Folie wickeln. Auf ein Backblech legen, in den vorgeheizten Ofen (mittlere Schiene) schieben und die Forellen in etwa 20 Minuten garen.

Die Fische in der Folie servieren. So packt sie jeder selbst bei Tisch aus und genießt den wunderbaren Duft beim Öffnen des Päckchens.

Renkenfilets in Meerrettichsauce

800 g Renkenfilets,
Saft von 1/2 Zitrone,
Salz,
frisch gemahlener Pfeffer,
1/2 l Fischfond (nach Grundrezept S. 49 oder Fertigprodukt),
1 TL Wermut (Noilly Prat),
5 Stängel Petersilie,
2 EL Butter,
1 TL Mehl,
200 ml Sahne,
2 EL frisch geriebener Meerrettich

Die Renkenfilets abbrausen und trockentupfen. Mit Zitronensaft beträufeln und mit Salz und Pfeffer würzen. In einem Topf den Fischfond zum Kochen bringen und die Hitze reduzieren. Die Fischfilets einlegen, 2–3 Minuten darin ziehen lassen und mit einem Schaumlöffel herausnehmen. Auf einen Teller legen und mit Alufolie abdecken. Den Wermut zum Fischfond geben und diesen etwa 5 Minuten einkochen lassen. Durch ein Haarsieb seihen und beiseitestellen. Die Petersilie abbrausen und trockentupfen, die Blättchen abzupfen und fein hacken.

In einem Topf aus Butter und Mehl eine helle Schwitze herstellen und mit dem Fischfond aufgießen. Unter ständigem Rühren einige Minuten köcheln lassen und mit Sahne verfeinern. Mit Salz, Pfeffer und Meerrettich würzen und die Sauce mit einem Pürierstab pürieren. Die Fischfilets auf Teller verteilen und mit der Meerrettichsauce umgießen. Mit Petersilie bestreuen und servieren.

Dazu passen Kartoffelpüree und ein gemischter Salat.

Ganzer Hecht aus dem Ofen

Den Backofen auf 200 °C (Umluft 180 °C, Gas Stufe 3) vorheizen. Den Fisch innen und außen abbrausen und trockentupfen. Mit Zitronensaft beträufeln und mit Salz und Pfeffer würzen. Zwiebel schälen und fein würfeln. Champignons putzen und je nach Größe halbieren oder vierteln. Petersilie abbrausen und trockentupfen, die Blättchen abzupfen und fein hacken.
1 Esslöffel Butter in einer Pfanne erhitzen und darin die Zwiebel andünsten. Champignons hinzufügen und so lange mitdünsten, bis die austretende Flüssigkeit vollständig verdampft ist. Den Wein angießen und kurz aufkochen lassen. Mit Salz und Pfeffer würzen. Den Pfanneninhalt auf dem Boden einer Auflaufform verteilen. Den Fisch darauflegen und die Form mit Alufolie verschließen. In den vorgeheizten Ofen (mittlere Schiene) schieben und den Fisch etwa 10 Minuten garen. Inzwischen die Sahne mit Tomatenmark, Zucker und Petersilie verrühren. Die Alufolie von der Form entfernen. Den Fisch gleichmäßig mit der Sahnemischung übergießen und weitere 15 Minuten offen schmoren lassen.

1 küchenfertiger, gehäuteter Hecht im Ganzen (ca. 1 kg),
Saft von 1/2 Zitrone,
Salz,
frisch gemahlener Pfeffer,
1 Zwiebel,
500 g Champignons,
1/2 Bund Petersilie,
2 EL Butter,
100 ml trockener Weißwein,
200 ml Sahne,
1 TL Tomatenmark,
1 Prise Zucker

Dazu passen Kartoffelpüree und grüner Salat.

toller Hecht!

Karpfenkoteletts aus dem Ofen

4 küchenfertige Karpfenkoteletts (à ca. 200 g),
Saft von 1/2 Zitrone,
Salz,
frisch gemahlener Pfeffer,
1/2 TL getrockneter Oregano,
4 EL Butter,
1 Zwiebel,
1/2 Bund Petersilie,
200 ml trockener Weißwein,
200 ml Sahne,
2 EL eingelegte Kapern

Die Karpfenkoteletts abbrausen und trockentupfen. Mit Zitronensaft beträufeln und mit Salz, Pfeffer und Oregano würzen. Den Backofen auf 200 °C (Umluft 180 °C, Gas Stufe 3) vorheizen und eine Auflaufform mit 1 Esslöffel Butter einfetten. Die Karpfenkoteletts nebeneinander in die Form legen. Zwiebel schälen und fein würfeln. Petersilie abbrausen und trockentupfen, die Blättchen abzupfen und fein hacken.
1 Esslöffel Butter in einer Pfanne heiß schäumend erhitzen. Die Zwiebel darin anschwitzen und den Weißwein angießen. Nach dem ersten Aufkochen die Hitze reduzieren, die Sahne einrühren, mit Salz und Pfeffer würzen. Die Sauce einige Minuten offen köcheln lassen, dann die Pfanne von der Kochstelle ziehen. Petersilie und Kapern einrühren und den Pfanneninhalt über die Fischkoteletts gießen. Restliche Butter in Flöckchen obenauf setzen. Die Form in den vorgeheizten Backofen (mittlere Schiene) schieben und den Fisch in etwa 30 Minuten garen; dabei nach der Hälfte der Garzeit die Form mit Alufolie abdecken.

Für dieses unkomplizierte Rezept können Sie auch andere Fischstücke verwenden, z. B. Hechtschnitten, Lachstranchen, Schollen- oder Zanderfilets. Als Beilage passen Salz- oder Stampfkartoffeln.

Pochierte Wallerstücke im Wurzelsud

1 Zwiebel,
1/4 l trockener Weißwein,
Salz,
1 TL Zucker,
100 ml Weißweinessig,

Die Zwiebel schälen und in Scheiben schneiden. In einem Topf den Wein mit 1/2 Liter Wasser, 1 kräftigen Prise Salz, Zucker, Essig, Lorbeerblättern, Nelken und Pfefferkörnern aufkochen. Die Hitze reduzieren und den Sud bei mittlerer Hitze etwa 10 Minuten ziehen lassen.

Inzwischen das Suppengemüse schälen bzw. putzen und in streichholzgroße Stifte schneiden. Fischfilets abbrausen, trockentupfen und in Portionsstücke von etwa 50 Gramm schneiden. Kräuter abbrausen und trockentupfen, Blättchen und Spitzen abzupfen und fein hacken. Meerrettichwurzel schälen.
Den Sud durch ein Haarsieb seihen und erneut zum Kochen bringen, Gemüsestreifen und Fischstücke einlegen und bei mittlerer Hitze in knapp 8 Minuten garen. Je 4 Fischstücke und anteilig Gemüsestreifen in tiefe Teller verteilen und mit dem Wurzelsud übergießen. Den Fisch mit den Kräutern bestreuen und den Meerrettich darüberschaben oder -hobeln.

Anstelle von Waller eignen sich auch Heilbutt, Schellfisch, Rotbarsch, Kabeljau, Red Snapper, Lachsforelle oder Lachs für dieses Gericht.

2 Lorbeerblätter,
2 Gewürznelken,
4 weiße Pfefferkörner,
1/2 Bund Suppengemüse (bestehend aus Möhre, Sellerie bzw. Petersilienwurzel und Lauch),
800 g Wallerfilets (Wels),
1/2 kleines Bund gemischte Kräuter (Petersilie, Dill, Basilikum, Schnittlauch),
frische Meerrettichwurzel zum Garnieren

Flussbarsch

Gebratene Eglifilets mit Petersilienkruste

Die Eglifilets abbrausen und trockentupfen. Mit Zitronensaft beträufeln und mit Salz und Pfeffer würzen. Die Petersilie abbrausen und trockentupfen, die Blättchen abzupfen und fein hacken. In einer Schüssel locker mit den Weißbrotbröseln vermengen. Die Butter in einer großen Pfanne heiß schäumend erhitzen. Die Eglifilets mehrmals in der Petersilien-Brösel-Mischung wenden, in die Pfanne legen, auf jeder Seite 1–2 Minuten braten und sofort servieren.

Servieren Sie Stampfkartoffeln als Begleitung. Dazu einfach frisch gekochte Kartoffeln durch die Kartoffelpresse drücken oder mit dem Kartoffelstampfer grob zerstampfen. Mit etwas zerlassener Butter beträufeln und mit frisch gehackter Petersilie bestreuen.

Sie können noch zusätzlich 50 Gramm frisch geriebenen Parmesan unter die Petersilien-Brösel-Mischung mengen.

800 g küchenfertige Eglifilets,
Saft von 1/2 Zitrone,
Salz,
frisch gemahlener Pfeffer,
1 Bund Petersilie,
100 g frisch geriebenes Weißbrot ohne Rinde,
3 EL Butter

Pochierter Fisch-Gemüse-Gugelhupf

300 g Zanderfilet,
Saft von 1/2 Zitrone,
1 TL Wermut (Noilly Prat),
Salz,
frisch gemahlener Pfeffer,
1 Eiweiß (Größe M),
5 große Wirsingblätter,
je 200 g Möhren, Sellerie und Lauch,
1 Bund gemischte Kräuter (Petersilie, Kerbel, Dill, Basilikum),
800 g Fischfilets (z. B. Zander, Lachs, Seezunge),
100 g geschälte Garnelen,
100 ml Sahne,
Butter für die Form,
1 EL flüssige Butter

Das Zanderfilet abbrausen, trockentupfen und in kleinere Stücke schneiden. Mit der Hälfte von Zitronensaft und Wermut beträufeln, mit Salz und Pfeffer würzen. In dem verquirlten Eiweiß wenden, in Folie einwickeln und für etwa 20 Minuten in das Gefrierfach stellen.

Inzwischen die Wirsingblätter putzen, in kochendem Salzwasser blanchieren, kalt abschrecken und trockentupfen. Möhren, Sellerie und Lauch schälen bzw. putzen und klein würfeln. In kochendem Salzwasser blanchieren, in ein Sieb gießen, kalt abschrecken und abtropfen lassen. Kräuter abbrausen und trockentupfen, Blättchen und Spitzen abzupfen und fein hacken. Fischfilets und Garnelen abbrausen und trockentupfen. Den Fisch mit dem restlichen Zitronensaft und Wermut beträufeln, salzen und pfeffern.

Das Zanderfilet aus dem Gefrierschrank nehmen und mit einem Drittel der Sahne im Mixer oder mit dem Pürierstab fein pürieren. Restliche Sahne unterrühren und abschmecken. Die Fischfarce mit Gemüsewürfeln und Kräutern vermengen. Den Backofen auf 160 °C (Umluft 140 °C, Gas Stufe 2) vorheizen. Eine mittlere Gugelhupfform mit Butter ausstreichen. In einer feuerfesten Form oder einem hohen Bräter mit ausreichend Platz für die Gugelhupfform Wasser zum Kochen bringen.

Die Form so versetzt mit den Wirsingblättern auslegen, dass sie etwas über den Rand hängen, und mit den vorbereiteten Zutaten füllen: Zuerst einen Teil Fischfilets einlegen, diese mit Fischfarce bestreichen, ein paar Garnelen darüberstreuen und mit Fischfilets bedecken. So lange fortfahren, bis alle Zutaten aufgebraucht sind; dabei mit Fischfilets abschließen. Diese mit der flüssigen Butter bepinseln und mit den überlappenden Wirsingblättern bedecken. Die Gugelhupfform mit Alufolie verschließen und in die feuerfeste Form bzw. den Bräter mit dem siedenden Wasser stellen. In den vorgeheizten Ofen (mittlere Schiene) schieben und die Terrine etwa 40 Minuten garen. Herausnehmen, etwa 10 Minuten ruhen lassen und dann auf eine Servierplatte stürzen. Die Terrine am besten mit einem elektrischen Messer in Stücke schneiden.

Dazu passen in Butter geschwenkte Bandnudeln mit einer Kräuter-Sahne-Sauce.

Fischfilets im Teigmantel

Für den Teig das Mehl auf eine Arbeitsfläche sieben und in die Mitte eine Mulde drücken. Öl, Wasser und 1 Prise Salz hineingeben und alles von innen nach außen zu einem glatten, geschmeidigen Teig verkneten, bei Bedarf noch esslöffelweise Wasser zugeben. Zu einer Kugel formen, mit Öl bepinseln und etwa 30 Minuten zugedeckt an einem warmen Ort ruhen lassen.
Inzwischen die Fischfilets abbrausen und trockentupfen. Zander- und Seezungenfilets in je 4 Portionsstücke teilen. Mit Zitronensaft beträufeln und mit Salz und Pfeffer würzen.
Den Teig auf einer bemehlten Arbeitsfläche durchkneten und dünn ausrollen. Dann in 4 Rechtecke von etwa 20 x 30 Zentimetern schneiden und mit Butter bepinseln. In die Mitte jeweils übereinander 1 Zander- und 1 Seezungenfilet legen und mit der Kräuterbutter in Flöckchen belegen. Die Teigränder über dem Fisch zusammenschlagen, gut verschließen und die Ränder mit Wasser bepinseln. Das Öl in einer Pfanne erhitzen und die Fischpäckchen darin rundherum in 8–10 Minuten knusprig braten.

Dazu passt cremiges Rosenkohl- oder Blumenkohlgemüse. Anstelle der Seezungen- und Zanderfilets können Sie auch Kabeljau, Red Snapper oder Lachs verwenden.

Für den Teig:
500 g Mehl,
2 EL Pflanzenöl,
ca. 200 ml lauwarmes Wasser,
Salz,
Öl zum Bepinseln

Für die Füllung:
200 g Zanderfilet,
200 g Seezungenfilet,
Saft von 1/2 Zitrone,
Salz,
frisch gemahlener Pfeffer,
2 EL flüssige Butter,
1 EL weiche Kräuterbutter

Außerdem:
Mehl für die Arbeitsfläche,
100 ml Sonnenblumenöl

Verzeichnis der Rezepte

Salate, Vorspeisen & Snacks

Suppen & Eintöpfe

Hauptgerichte